I0832567

L'ESPION

Roman de Moeurs,

PAR

E. L. B. DE LAMOTHE-LANGON,

AUTEUR

DE MONSIEUR LE PRÉFET,
DE LA PROVINCE A PARIS, ETC.

*

Regardez-les tous, la Providence a gravé sur leurs
traits, en caractères indélébiles, leurs
vices et leur infamie.

*

2e Edition.

TOME QUATRIÈME.

PARIS

AMBROISE DUPONT ET Cie, LIBRAIRES,
RUE VIVIENNE, N. 16.

1827

IMPRIMERIE DE J. TASTU.

L'ESPION
DE POLICE.

IMPRIMERIE DE J. TASTU,
RUE DE VAUGIRARD, N. 36.

L'ESPION DE POLICE,

Roman de Moeurs,

PAR E. L. B. DE LAMOTHE-LANGON,

AUTEUR DE MONSIEUR LE PRÉFET,
DE LA PROVINCE A PARIS, ETC.

Regardez-les tous, la Providence a gravé
sur leurs traits, en caractères indélébiles,
leurs vices et leur infamie.

2e Edition.

TOME QUATRIÈME.

PARIS

[illegible]ISE DUPONT ET Cie, LIBRAIRES,
RUE VIVIENNE, N. 16.

1826

L'ESPION
DE POLICE.

CHAPITRE XXXVIII.

LE BON GÉNIE.

*

Quand de vils scélérats se montrent sans pitié,
Je n'espère qu'en toi, noble et sainte amitié.
DUNANT, *Recueil des Jeux Floraux.*

*

ATHALIE sortit enfin lorsque la fièvre l'abandonna. Cette vile créature avait, pendant sa courte maladie, consommé les faibles ressources qu'elle possédait; et, en recouvrant la santé, elle se trouva réduite à la plus complète misère. Le besoin rend industrieux l'homme de bien, et il inspire de coupables pensées à l'être flétri par le vice. Cette fille savait que le secret dont elle avait la connaissance pourrait la tirer, au moins pour quelque temps, de sa misère présente, et elle se décida à le révéler. Mais à qui s'adresser? son abjection était telle, que tout ce qui sortait de sa bouche était déconsidéré à l'avance, et elle craignait que nul ne voulût l'écouter, lors même qu'elle se présenterait pour faire le mal.

Dans cette circonstance, elle songea à la nécessité de se rapprocher de Teillon, dût-il commencer l'entrevue par prendre sur elle la vengeance qu'il avait promise à sa maîtresse. Ce n'était pas la première fois qu'une réconciliation intéressée aurait suivi une scène violente : de pareils misérables sont à tel point plongés dans un complet abrutissement, qu'il ne leur reste pas la force de se haïr entre eux. Elle lui dépêcha Malvina, sous le seul prétexte de solliciter un rapatriage dont elle avait besoin, disait-elle, et dont elle sentait l'avantage.

La digne ambassadrice alla porter ces paroles de paix qui n'étonnèrent pas celui à qui on les adressait. Lui aussi, pour mériter le sot titre de *bon enfant*, si ridiculement en usage dans le monde, et l'ordinaire apanage des égoïstes et des mauvais sujets, parut avoir oublié une partie de sa rancune. Il se montra très-disposé à accepter un rapprochement auquel il ne mit d'autre condition que celle d'un déjeuner qu'Athalie paierait à Malvina et à lui.

Athalie n'avait plus les moyens de fournir à cette dépense ; néanmoins elle se résolut à accepter la proposition. Il fut convenu que le lendemain matin, sans que Palmyre en fût instruite, les trois personnages se réuniraient sur la place du Louvre. Aucun des trois ne manqua au rendez-vous ; Teillon débuta par de grossières plaisanteries que la fille supporta avec résignation, et le trio se dirigea chez le marchand de vin, père de Zoé, et dont la demeure a déjà servi de théâtre à plusieurs scènes de cette véridique histoire.

Quand cette compagnie y entra, Zoé, qui allait partir pour se rendre à l'atelier de madame Robal, se trouvait dans le cabinet vitré d'où était sorti Rémond, lorsqu'il vint la première fois au secours de la jolie cabaretière. Celle-ci ayant reconnu Teillon, et toujours poursuivie par l'idée que ce malheureux ne pouvait songer qu'au mal, voulut encore le surveiller, et, appelant un des garçons de l'établissement, elle lui ordonna de conduire les nouveaux venus dans une pièce de l'entresol où déjà Teillon avait été avec Palmyre, et qui, par sa position, donnait la facilité de voir et d'entendre tout ce que l'on y faisait.

Ce soin pris, Zoé renonça à sortir; elle jugea qu'elle pouvait servir utilement la cause de son ami, en surveillant ce vil et méprisable Teillon. Elle monta avec précaution l'escalier dérobé, et fut prendre son poste à la place que déjà elle avait occupée. Elle dut s'armer de patience; le repas fut long, et l'on ne l'anima que par de dégoûtans propos ; toutes les expressions du libertinage le plus déhonté y furent employées, on n'y raconta que de sales anecdotes ; on y parla surtout un langage que la jeune fille ne comprenait pas. Enfin Teillon, pressé de sortir, déclara qu'il était temps de lever la séance ; alors Athalie, se décidant à parler, l'engagea à se rasseoir, le prévenant qu'elle voulait causer en secret avec lui.

A ces mots, Malvina prenant la parole : « Oh ! ça, ma fille, dit-elle, quel rôle te flattes-tu de me faire jouer ici ? Nous nous sommes réunis pour sceller gaiement, le verre en main, la réconciliation avec ce bon enfant ; mais crois-tu que je souffrirai que tu l'enlèves à Palmyre ? »

Ce qu'elle ajouta, nous rougirions de l'écrire, et Zoé eut peine à l'entendre, quoique sa curiosité se trouvât vivement piquée. Teillon répliqua, en ricanant, qu'il était toujours prêt à écouter une *jolie femme*, et que la réponse de Malvina prouvait seulement qu'elle était piquée de ne pas avoir eu la première l'idée d'un entretien particulier avec lui.

Le vin qui avait été bu, quoique prodigieusement tempéré par la prudence du maître de la maison, fermentait néanmoins dans les têtes; celle de Malvina n'était pas des plus fortes ; elle se crut offensée par la plaisanterie de Teillon, et elle répliqua avec aigreur ; celui-ci, qui avait la brutalité du lâche, riposta par des coups, et Malvina se jeta sur Athalie, afin de la punir de l'insulte qu'elle recevait. Teillon, la prenant au corps avant qu'elle eût pu effectuer son dessein, la jeta à la porte, en la menaçant de la Salpêtrière, et, par ce mot magique, calma sur-le-champ l'explosion d'un courroux qui allait éclater. Mais Malvina, en renonçant à prendre de suite sa vengeance, se promit de ne pas l'ajourner, et elle sortit avec précipitation du cabaret, afin d'aller accomplir la pensée qui lui était venue.

Teillon, lorsqu'elle fut partie, ferma la porte, et, revenant vers Athalie, l'embrassa vivement. Celle-ci, songeant que l'heure pressait, repoussa Teillon à demi : « Que me donneras-tu, lui dit-elle, si je mets en tes mains un secret qui pourra te procurer une forte somme d'argent?

» — Ce que je te donnerai, ma petite! répondit-il avec vivacité : le tiers de ce que la loi accorde au dénonciateur; c'est la règle, et je te paierai sans te faire tort d'une obole, parce que dans ces choses-là il faut de la loyauté. Mais, pauvre Athalie! l'argent et toi êtes brouillés ensemble, et je dois te prévenir que, s'il faut escamoter la bourse de quelque fils de famille ou d'un honorable bourgeois, tu ne dois pas compter sur ma coopération; on est devenu depuis quelque temps diablement sévère à l'égard de ces gens-là; il n'y a que les vols du Cent-Treize qui soient tolérés, car nous sommes dans une époque où il faut avoir des mœurs et de la religion.

» — Il ne s'agit, dans cette affaire, d'aucun coup d'éclat, mais bien de révéler une conspiration dont je crois tenir un des bouts, et qui pourrait donner de l'occupation aux gens d'en haut.

» — Une conspiration ! s'écria Teillon en riant ; allons , tout le monde s'en mêle ; il paraît que c'est en effet maintenant le bon moyen d'aller à la fortune ; aussi vas-tu me conter quelques bourdes. Je gage que tu as été mystifiée dans quelque mauvais lieu par un des nôtres, qui aura répété devant toi , pour se divertir, le rôle que plusieurs d'entre nous apprennent à jouer de leur mieux.

» — Je le sais bien ; à telles enseignes qu'avant-hier chez la mère d'Estinvil.... on a dit que deux des tiens se sont mutuellement arrêtés, croyant faire chacun une capture importante, et qu'ils ont ri comme des fous lorsqu'en tirant leurs cartes elles leur ont servi à se reconnaître. Ce n'est pas de cela que maintenant il s'agit; je vais te prouver à quel point est important ce que j'ai à te dire; mais, avant que je m'explique, jure-moi devant Dieu que tu me donneras le tiers de ce qu'il te sera payé. »

Teillon s'empressa de faire le serment exigé par la fille; celle-ci ajouta qu'il paierait en outre le déjeuner qu'on venait de faire, car elle avoua ne posséder qu'une seule pièce de quinze sous. A cette dernière confidence, Teillon s'emporta; il était aussi sans argent, et, venu plein de confiance en la foi des traités, il ne s'attendait nullement à faire face à la dépense du régal. Aussi un incident pareil fut-il sur le point d'exciter sa colère, et de lui faire oublier la révélation que la fille lui promettait, pour ne voir que la mystification dont il craignait d'être la dupe. Cependant Athalie lui fit une telle fête de ce qu'elle lui allait apprendre, qu'il se décida à ne faire éclater sa colère qu'après qu'elle l'aurait mis à même de juger du degré d'importance de ce qu'elle allait lui confier.

Athalie, prenant alors la parole, commença sa narration par le récit des efforts infructueux qui avaient été faits au souper fameux payé par Teillon, et dans lequel Palmyre jouait le rôle de cousine d'un des quatre militaires qu'on avait invités. Les ruses les mieux combinées avaient pu à peine arracher quelques paroles imprudentes aux jeunes militaires, sans parvenir à les pousser au-delà. Mais les preuves matérielles d'une conspiration provoquée par d'indignes manœuvres, et qu'on désirait néanmoins si vivement d'obtenir, existaient ; elles n'avaient pas été mendiées, et elles pouvaient être montrées et revêtues de tous les signes qui apportent la conviction. Ensuite, continuant, elle raconta les confidences précieuses que le sous-officier Serval avait laissé échapper pendant le délire de son ivresse. Athalie parlait encore lorsque le cri féroce d'un tigre, que Teillon poussa, montra tout ce qu'un pareil récit offrait d'avantages et promettait de vengeance à son atroce courroux.

Si jusque-là Zoé avait eu à regretter d'avoir demeuré dans sa cachette, pour assister aux vulgaires détails d'une orgie ordinaire, combien elle bénit la Providence qui, lui ayant inspiré le courage nécessaire à surmonter un juste dégoût, l'avait décidée à rester pour recueillir sa part de ce qui venait d'être dit! Les rapports intimes que pendant un temps elle avait eus avec Rémond, lui avaient appris à connaître au moins les noms des camarades de celui-ci; et ceux de Dernon, de Jubart, de Molin, de Serval, lui étaient familiers. Elle apprécia aussi tout ce qui pouvait résulter de ce qu'elle venait d'entendre; elle trembla pour Henri et pour les autres militaires; leur péril allait naître, et, avant peu d'heures, il serait à son comble.

Zoé, dans une telle circonstance, réfléchit rapidement au parti qu'il y avait à prendre; un seul était convenable: retenir d'abord Teillon et Athalie le plus qu'il serait possible, et se hâter d'aller prévenir Rémond et ses amis, de l'imminence du coup qui devait les atteindre. Ce point décidé, Zoé descendit, et, s'adressant à son père, elle le prévint que ni Teillon ni sa compagne ne possédaient la somme nécessaire pour acquitter la dépense qu'ils venaient de faire ; un heureux hasard, ajouta-t-elle, l'avait instruite de cette circonstance. Le cabaretier fut vivement indigné d'une escroquerie semblable ; il remercia sa fille avec une comique expression, puis, appelant ses garçons, il donna ses ordres, dicta la place que chacun devait occuper afin de s'opposer à toute fuite, et, après avoir dressé la carte, il fut lui-même la porter à ceux qui ne la lui demandaient pas, se faisant escorter de celui de ses gens auquel il connaissait le plus de forces physiques.

Teillon et Athalie, tout occupés encore du motif qui les réunissait, ne furent pas médiocrement surpris, lorsque le cabaretier, sans employer ces formes d'une politesse en usage, même dans les tavernes, envers ceux auxquels on soupçonne une bourse bien garnie, leur réclama le prix du déjeuner; ils ne pouvaient le donner. Une explication assez véhémente s'ensuivit, et, quoique le maître de la maison ignorât la conduite de Teillon envers sa fille, il le connaissait assez pour avoir la certitude qu'il avait affaire à un très-mauvais sujet, que l'on pouvait dès-lors traiter assez mal en toute sûreté. Il lui signifia que lui et sa compagne ne sortiraient qu'après avoir soldé leur dépense jusqu'à la dernière obole.

Il n'était pas possible de jouer un plus méchant tour à Teillon, que de le retenir à une heure où il avait le plus vif désir de courir porter en bon lieu ce qu'il venait d'apprendre. Vainement il proposa divers accommodemens ; on les refusa tous ; enfin, il se décida à écrire à l'un de ses chefs pour le prier de le tirer de ce pas critique. Dans ce moment, Palmyre, que Malvina avait été prévenir des prétendus projets d'Athalie, arriva furieuse, et, par sa présence, compliqua l'incident.

CHAPITRE XXXIX.

L'AUTRE AMOUR.

*

Il y a dans le vice un amour qui, pour être moins pur, n'en est pas moins impétueux et solide.

RÉTIF DE LA BRETONNE.

*

ZOÉ connaissait bien son père; elle savait que rien ne le porterait à relâcher ses prisonniers tant qu'ils ne pourraient point le satisfaire, et Teillon ainsi retenu n'aurait pas le temps de se porter au lieu où ses révélations étaient à craindre, avant qu'elle, par de promptes démarches, ne pût en prévenir l'effet.

Aussi, dès qu'elle eût alarmé la parcimonie paternelle, elle s'élança hors de la maison en se disant, pour se donner du courage : « Il faut le sauver, quoique ce soit pour le bonheur d'une autre, et s'il ne m'aime plus, du moins je le forcerai à me regretter. »

Elle fut un instant incertaine de quel côté elle tournerait ses pas ; elle eut d'abord la pensée de courir chez madame Robal où peut-être Henri se serait rendu ; elle réfléchit néanmoins que s'il n'y était pas, elle aurait perdu un temps bien utile, et qu'il y aurait à craindre que la couturière ne cherchât à la retenir. D'ailleurs, pensa-t-elle, Henri n'est pas le seul que ces malheureux menacent ; ses compagnons sont exposés aux mêmes dangers, ne faut-il pas essayer aussi de les en délivrer ? et il est impossible que je n'en rencontre pas un ou deux à leur quartier.

Zoé, apercevant un cabriolet de place, qui était vide, l'appela ; le conducteur ouvrit promptement la portière. « A l'heure, lui dit-elle, et allons à la caserne du.... régiment. »

« Me voilà pris, s'écria l'Automédon, pour toute la journée. Une aussi jolie personne qui va vite à une caserne, doit y avoir de grandes affaires, et certes les heures lui paraîtront courtes, pendant que je les compterai. »

La jeune fille n'eut garde de répondre à un pareil propos ; elle sentait combien sa démarche devait paraître suspecte; mais le désagrément des conséquences fâcheuses qu'on en tirerait contre elle, disparaissait devant l'éminence du péril qui allait frapper quelques étourdis. Elle descendit à peu de distance de la porte principale ; et la sentinelle la voyant s'avancer :

« Tiens, André, dit-elle à l'un de ses camarades, quel joli oiseau va nous passer sous le bec !

» — Ni toi, ni moi, mon vieux, n'en mangerons de long-temps d'apprêtés à une pareille sauce, répliqua l'autre soldat ; c'est du gibier pour quelque pékin des environs ; mais non, ma foi, elle vient droit à nous. Mordieu ! qu'il ferait bon lui présenter les armes ! Tu verras qu'elle est appelée par l'officier de garde. »

Zoé, toute tremblante, demanda aux deux militaires si M. Henri Rémond était au quartier.

« Non, Mademoiselle, répliqua l'un d'eux, il n'y est pas, pour son malheur ; mais comme il est fort aimé de tout le régiment, il n'y a pas un de nous qui ne se fasse un vrai plaisir de répondre à sa place. »

Elle parut déconcertée, puis se remettant : « En ce cas, pourrait-on parler, dit-elle, à messieurs Dernon, Molin, Serval ou Jubart?

» — Il paraît que Mademoiselle a de nombreuses connaissances dans nos chambrées, et nous regrettons d'être précisément ceux qui lui sont inconnus. »

Zoé renouvela sa question ; on lui répliqua que de ceux qu'elle réclamait, Molin et Dernon étaient seuls au quartier, et que, si elle voulait entrer, on allait la conduire où ils devaient être dans ce moment; elle refusa cette offre, et supplia en même temps le militaire qui n'était pas de garde, de leur aller dire qu'une de leurs proches parentes demandait à leur parler. Le soldat partit galamment et fut avec promptitude s'acquitter de sa commission.

« Dernon! s'écria Molin, encore une cousine comme celle de l'autre jour, sans doute; elle mériterait, la péronnelle, que nous lui fissions un méchant parti.

» — Avant de la juger, il faut la voir, quoique je gagerais que c'est encore une vile émissaire. » Ils arrivèrent auprès de Zoé; sa gracieuse figure et l'air simple qui brillait en elle, les disposèrent à la traiter plus favorablement; bientôt Molin, l'ayant examinée avec plus d'attention :

« Dieu nous soit en aide! dit-il : ou je me trompe bien, ou cette dame est celle que Henri vengea au salon de Mars ; nous ne sommes pas assez heureux pour avoir des parentes de cette sorte. »

Ils abordèrent donc Zoé avec des manières respectueuses.

« Messieurs, leur dit-elle, pouvant à peine parler, tant son émotion était grande, où est votre ami Rémond? Je viens pour le sauver, ainsi que vous. »

Ce peu de paroles surprit ceux qui les entendirent; ils la prièrent de leur en donner la prompte explication ; Zoé ne la leur fit pas attendre, et, lorsqu'elle leur parla du pacte qu'ils avaient signé et remis et à la garde de Serval, ils se regardèrent et pâlirent tout à la fois.

« Adieu, ajouta-t-elle, je n'ai plus rien à vous apprendre ; tâchez de trouver Henri, et de parer un coup qui vous menace ; pour moi, je vais courir où j'espère le rencontrer encore.

» — Vous êtes un ange ! s'écrièrent les deux sous-officiers, et si nous échappons à cette mauvaise affaire, notre vie entière devrait être consacrée à vous témoigner notre reconnaissance. »

Zoé ne répondit que par un signe d'amitié ; elle remonta dans le cabriolet, et recommandant au cocher la plus grande vitesse, elle se transporta chez madame Robal.

Dès qu'elle se fut éloignée, Molin se tournant vers son camarade : « Ceci s'échauffe, Dernon ; que nous faut-il faire ? Ne serait-il pas à propos de rassembler tous les nôtres et d'agir sur-le-champ ?

« Et où seraient les moyens de réussir ? répondit Dernon ; les divers quartiers sont éloignés ; avant que nous

nous y soyons rendus, l'alarme sera donnée. Sommes-nous, d'ailleurs, en assez grand nombre pour entraîner les timides et les indifférens? Il n'y a qu'un parti à prendre : l'acte seul et nos signatures nous accusent; qu'il soit détruit, et l'on ne saura plus par où nous prendre.

» — Serval est sorti.

» — Que nous importe? je sais le lieu où le papier est déposé; viens-y avec moi, et nous aurons bientôt fait disparaître l'objet de nos inquiétudes. »

Ils rentrèrent précipitamment et montèrent dans la salle où devait être cette pièce dangereuse; ils allèrent à la cache qui la recélait, et ils ne l'y trouvèrent plus! ...... Une sueur froide mouilla tout-à-coup leurs membres. « Oh! Dernón, dit Molin, sommes-nous déjà trahis! » Ils ne l'étaient pas. Une seule précaution funeste allait causer leur malheur : Serval ayant aperçu le matin même un jeune enfant de troupe qui rôdait autour de ce lieu, avait eu peur que le hasard ne le lui fît découvrir, et n'amenât de grands désastres. Pour les prévenir, il avait retiré la pièce importante, et en attendant qu'il pût trouver un endroit plus propre à la renfermer, il s'était décidé à la garder sur lui.

« Non, disait Dernon; Serval n'est pas un infâme; il ne vendrait pas le sang de ses amis.

» — J'aime à le croire, ajouta Molin, d'une voix sombre, mais l'acte manque, et il est sorti; où est Jubart?

» — Il est à.....

» — Allons-le trouver; il convient d'avertir les autres. Pauvre Théodorine, nous aurons bientôt fini notre connaissance, et cela au moment où je commençais à m'attacher à toi !

» — Parbleu, Molin, ce cas-ci est bien celui où il convient de s'occuper d'une femme !

» — Et à quelle heure, Dernon, veux-tu qu'on y songe, si ce n'est à celle du malheur !

» — Tu vois tout en noir.

» — C'est possible, que veux-tu ? Voilà tout-à-coup que je me rappelle une vieille sorcière de mon pays : Molin, petit Molin, tu peux moudre de la bonne farine si tu sais te contenir ; mais souviens-toi de ménager ta meule de manière à ce qu'il ne soit pas nécessaire qu'on emploie le fer pour la repiquer. Je riais de la prédiction, elle est toute prête à s'accomplir. »

En parlant ainsi, les deux amis, sans quitter leurs vêtemens militaires, sortirent ensemble, afin de découvrir Jubart, Rémond et surtout Serval. Leur mauvaise fortune ne leur permit pas de le rencontrer, et ils conférèrent de nouveau sur ce qu'il y avait à faire.

Dernon ouvrit l'avis de sortir sur-le-champ de Paris, Molin n'y acquiesça pas.

« Où irions-nous? lui dit-il; dans quelques heures le télégraphe aura annoncé notre fuite, et nous serons promptement arrêtés. Peut-être nous alarmons-nous à tort; Serval ne peut-il pas avoir placé ailleurs les papiers, et si on ne les saisit point, sur quelle preuve nous condamnera-t-on?

» — Ce que tu dis là, reprit Dernon, ne me persuade pas; veux-tu me suivre et tenter la fortune?

» — Non, je reste; d'ailleurs je fuirais en vain ma destinée.

» — Et moi je n'expose pas la mienne. Adieu. »

Ils s'embrassèrent, et Dernon s'éloigna.

Molin, après avoir détourné la rue: « Est-ce là un homme? se dit-il, lui que j'ai vu combattre seul cinq Autrichiens lorsqu'il lui eût été facile de les éviter; il tremble maintenant devant un péril qui n'est pas celui de la guerre; est-ce que les Espagnols auraient raison? et convient-il de dire de chacun de nous: *Il fut brave tel jour?* Allons voir ma maîtresse, ceci me distraira. »

Théodorine n'habitait plus les environs du Palais-Royal; retirée dans un faubourg éloigné, elle logeait à un septième étage, dans une chambre toute nue que garnissait un mince mobilier; elle vivait avec du pain, du lait et des pommes de terre, et pourtant, sans ses souvenirs, jamais elle n'eût été si heureuse; mais au milieu de sa solitude, qui n'était interrompue que par les visites de son nouvel amant, le passé se retraçait avec plus de vivacité à son idée, et quelquefois il lui était presque impossible de le supporter. Elle se trouvait dans un de ces momens pénibles, lorsque Molin parut, le rire sur les lèvres; Théodorine ne l'attendait pas.

« Te voilà, cher ami! lui dit-elle; je ne devais pourtant pas te voir aujourd'hui; n'étais-tu pas retenu au quartier pour ton service? ou peut-être avais-tu formé le projet de me surprendre?

» — Mon bel ange, répondit le sous-officier en folâtrant, je ne suis pas jaloux, et tu as toute ma confiance ; le parti que tu as pris me répond de ta fidélité ; quant à l'autre motif de mon absence, je te dirai qu'il m'est venu la fantaisie de me commander ce qui me ferait plaisir ; la vie est courte, il faut qu'elle soit bonne, et si je dois la finir demain, pourquoi ne me procurerai-je pas le bonheur de te voir aujourd'hui? »

A travers la gaieté que Molin affectait, il y avait dans ses yeux quelque chose qui n'était pas en harmonie avec ses paroles. Théodorine n'eut besoin que de porter sur lui un seul regard pour en acquérir l'entière conviction ; elle ne voyait néanmoins rien qui annonçât les suites d'une libation bachique. Alors elle se leva, et passant ses deux bras autour du corps de son amant, elle lui demanda s'il avait obtenu une permission de ses officiers.

« Je te répéterai ce que je t'ai déjà dit : je me suis fait mon maître, et je suis venu te trouver, parce que je veux que tu sois la dernière chose que je quitterai.

» — Es-tu dans ton bon sens, mon ami? ou as-tu quelque danger à craindre?

» — Ce n'est pas à présent que la raison m'abandonne ; elle a fait divorce avec moi un jour antérieur à notre connaissance ; quant à la seconde partie de ta question, il ne m'appartient pas de la résoudre ; tout n'est ici-bas, dit-on, qu'amertumes et incertitudes.

» — Molin, tu me fais mourir; pourquoi surtout y a-t-il quelque chose de si farouche dans ton sourire ?

» — C'est que dans l'ame la plus ferme il y a aussi quelque chose de l'humanité.

» — Parle-moi plus clairement, je t'en conjure.

» — Tu le veux, eh bien! je te dirai que je suis sur le point de faire un long voyage.

» — Quoi! l'on t'enverrait en Espagne..... en Espagne..... Oh! cela serait affreux; n'importe, mon ami, je te suivrai jusqu'au bout du monde.

» — La course serait longue, et toutefois elle ne suffirait pas pour me rejoindre, car il est bien possible qu'en récompense de ma signature que j'ai donnée on m'envoie chercher, dans le ciel ou ailleurs, une place que je ne suis pas pressé d'y aller prendre. »

Théodorine poussa un cri, et serra

plus étroitement Molin dans ses bras. « T'aurais-je frappé de mon malheur, dit-elle, et serais-tu destiné à me punir de ce que j'ai fait ? »

CHAPITRE XL.

TOUT SE DÉCOUVRE.

*

D'un secret tout-à-coup la vérité connue,
Change tout, donne à tout une face imprévue.
BOILEAU, *Art Poétique*, *chant* 3.

*

« JE ne suis pas satisfaite de la manière dont Hippolyte a posé cette guirlande; elle me donne l'air dur; je ressemble à une méchante furie.

» — Cela ne peut être, répliqua Julie d'un ton mielleux; Madame est si bonne!

» — Pensez vous, sotte que vous êtes, reprit madame de Sédenart avec vivacité, que je dise sérieusement une chose pareille. Je me trouve mal coiffée, et je ne veux pas aller, ainsi fagotée, au dîner de Son Excellence.

» — Faut-il dire à Nicolas de retourner chercher M. Hippolyte?

» — Où le trouverait-il à cette heure? D'ailleurs, le temps me manquerait pour l'attendre : faites ici preuve d'adresse. Enlevez les fleurs, vous les placerez plus sur le côté. »

Julie essaya d'obéir à la volonté de sa maîtresse; elle ne songeait pas que les mêmes liens qui attachaient la guirlande retenaient aussi les cheveux; elle les coupa sans précaution, et voilà tout-à-coup que les diverses tresses, venant à se dénouer, couvrirent complètement la figure et les épaules de la dame. Celle-ci, confondue d'un tel accident, prodigua avec aigreur les expressions de son courroux, et l'émotion de la femme de chambre fut telle, qu'elle n'entendit point le bruit de la marche du chevalier de Fredeuil qui entrait à pas précipités, au même instant que la dame relevait avec violence les flots de cheveux qui l'enveloppaient de toutes parts. Le mouvement n'était pas favorable à celle qui le faisait, car il laissait apercevoir son visage altéré par les rides de la colère; et certes, alors, sa beauté disparue laissait éclater tout ce qui pouvait en effet rappeler les traits des Tysiphones et des Méduses.

Madame de Sédenart, surprise au dernier point de cette apparition imprévue, remarqua que de véhémentes agitations étaient peintes sur la figure du chevalier : ne sachant ce qui l'amenait d'une manière aussi inopinée, et ne voulant pas renoncer à ses moyens de séduction, elle essaya de sourire, et elle en devint plus laide encore. Son but fut manqué; cet aspect peu agréable laissa le chevalier dans le courroux qu'il avait d'abord.

« Surprend-on ainsi les gens, et vient-on à pas de loup épier les secrets de la toilette? dit madame de Sédenart au chevalier.

» — Plût à Dieu, répliqua impétueusement ce dernier, que je n'eusse pas d'autres reproches à me faire, et que je ne me fusse pas déshonoré pour fournir à la plus indigne des femmes les armes dont elle s'est servie contre mes amis et mon bienfaiteur!

» — Sortez, Julie, dit madame de Sédenart; je ne m'habillerai pas encore. Et vous, insensé, calmez vous! quel démon vous obsède; quelle odieuse scène venez-vous faire chez moi?

» — Ne la devinez-vous pas? ne savez-vous pas qu'abusant de ma faiblesse, vous vous êtes servie de l'amour pour consommer une perfidie? Le général.... vient d'être arrêté, et un ami vous accuse d'avoir provoqué sa détention.

» — C'est une infamie!

» — Et d'où serait sorti le soupçon si on n'eût eu aucune connaissance des aveux que je vous ai faits, si vous-même ne les eussiez pas employés à notre perte? On a la preuve que vous êtes vendue à nos ennemis, et que vos grâces, votre amabilité, votre prétendu patriotisme sont des filets dans lesquels vous m'avez enlacé tout le premier.

» — Ah! Fredeuil, vous êtes cruel

envers votre amie; et que je dois déplorer votre erreur! Quoi! n'y a-t-il que moi seule qui aie pu trahir notre cause sacrée? et pensez-vous que parmi tant de personnages admis à ce secret, il n'en soit pas un d'indiscret ou de parjure? Où sont mes accusateurs? sur quelles preuves me condamnent-ils?

» — Ah! Madame, ne cherchez pas à vous défendre, vous n'êtes à mes yeux que trop convaincue. C'est moi qui ai perdu mes amis, et c'est ma déplorable confiance en vous qui nous ruine. Déjà les arrestations ont commencé, et elles pèsent principalement sur ceux que je vous ai désignés.

» — Mon ami, vous êtes insupportable, et votre obstination à me condamner vous rend odieux, en vérité. Est-ce ma bonne foi à votre égard, mon abandon qui doivent parler contre ma fidélité? Pourrais-je poursuivre ceux avec qui vous êtes lié? Ne seriez-vous pas ma première victime? Et tant d'infamie, me la reprocherez vous?

» — Eh! voilà ce qui me désespère; la foudre tombe à l'entour, je suis le seul épargné; on poursuit mes associés et je reste tranquille. Cela me charge à leurs yeux; en m'épargnant on me déshonore, et l'on a le droit de me soupçonner d'être votre complice en trahison!

» — Que doit vous importer la voix des hommes, lorsque votre conscience ne vous reproche rien? Imitez-moi, je suis calme, parce que je suis innocente.

» — L'êtes-vous?

» — Ah! si vous en doutez, doutez

aussi de mon amour; n'en avez-vous pas reçu la preuve positive? »

En prononçant ces derniers mots, madame de Sédenart enveloppa son visage dans ses beaux cheveux, et cette fois leur désordre ne fut point sans grâce.

« Que ne puis-je persuader les autres comme vous savez me convaincre! ce serait là mon bonheur. Mais le baron Marville affirme qu'en pleine assemblée, et devant tous les initiés, on a proclamé vos intelligences avec cette administration que je n'ose même pas nommer.

» — Bon! devez-vous écouter un homme de mauvaise humeur, qui n'a pas eu la force de se mettre à la tête du mouvement, et qui s'est réservé toutefois le rôle de le diriger lorsqu'il en sera temps? Je gage qu'il n'est pas arrêté.

» — Non, mais il vient de recevoir l'ordre de quitter sur-le-champ Paris; on l'envoie en surveillance à Toulouse, et il doit être en route avant minuit.

» — Au moins celui-là est peu à plaindre; mais le général.... le colonel.... et le capitaine...?

» — Avertis à temps, ils ont pu se soustraire par la fuite.

» — Qu'ils évitent la ligne télégraphique; en la suivant ils sont perdus.

» — Soyez sans crainte, ils se dirigent sur l'Auvergne; et les montagnes d'Aurillac leur offrent une sûre retraite.

» — Y songez-vous, chevalier, de

me confier encore ce secret? ne craignez-vous pas que je ne le révèle comme l'autre?

» — Ne me faites pas rougir de mon injustice envers vous.

» — Vous êtes désabusé?

» — Comment ne pas l'être? vous seriez un monstre à étouffer si vous abusiez de ma confiance et de mon amour. Ah! si une perfide pareille existait, sa mort seule pourrait laver son crime!

» — Avec quelle pétulance il s'emporte, le cher ami; allons, ne tuez personne, soyez prudent. Il paraît que l'on a donné l'éveil, et que pour cette fois le coup est manqué; patientons, et laissez-moi achever ma toilette. Je dîne chez un de nos ministres, chez le plus galant, et j'ai une grâce à lui demander. Adieu, appelez Julie, nous nous verrons demain. »

Fredeuil, persuadé que madame de Sédenart n'était point la parjure, se retira après lui avoir prodigué les plus tendres caresses, et lorsqu'il fut parti, elle se dit :

« Mais il est fou, ce jeune homme; sa tête est bien mauvaise; les voyages le formeront : oui, il convient qu'il sorte de la France. »

Elle se rendit chez le ministre, et ayant rencontré dans la soirée l'homme qu'elle cherchait, elle lui dit quelques mots à voix basse. Deux seuls furent entendus d'un indifférent; ils annonçaient qu'elle traitait d'un point géographique, puisque c'étaient ceux *Auvergne* et *Aurillac*. Peu de jours après un ordre imprévu fit partir l'aide-decamp en courrier pour aller en Amérique porter d'importantes dépêches à un ambassadeur, et celui-ci eut le mandat de retenir le chevalier de Fredeuil pendant quelques années.

CHAPITRE LXI.

L'AMITIÉ GÉNÉREUSE.

*

Il n'y a guère au monde un plus bel excès que celui de la reconnaissance.

LA BRUYÈRE.

*

FRAMOND venait de s'éloigner ; il ne devait pas rentrer de toute la journée. Marguerite, toujours épouvantée par le souvenir de ce personnage qui s'était présenté à elle si inopinément, ne trouvait plus aucun plaisir à sortir de sa chambre, et Geneviève travaillait à son métier lorsque madame Robal vint la chercher.

« Vous vous tuez, ma jeune amie, lui dit-elle ; il vous faut du repos, vous en avez grand besoin ; j'ai tout à point chez moi, pour vous distraire, des gens qui ne demandent pas mieux que de se réjouir : venez donc vous joindre à eux, nous passerons une heure agréable.... »

Le ton avec lequel madame Robal s'exprima fit rougir Geneviève ; elle se douta qui pouvait être chez la couturière, et elle n'osa pas quitter son siége.

« Dois-je lui faire violence ? dit la voisine à Marguerite.

» — Je vous en donne le pouvoir, reprit celle-ci en souriant.

» — Alors il faut bien m'obéir. »

Et madame Robal, passant un bras autour de la taille de Geneviève, la décida à se lever, et l'amena avec elle. Henri l'attendait; il s'empressa de la recevoir des mains de son officieuse amie, et, pour la centième fois, il reprit cette conversation monotone par son uniformité, et qui néanmoins ne fatigue jamais les amans. La voisine les interrompait souvent pour raconter ses propres affaires; plus elle allait, et plus elle se plaçait dans une position embarrassante. M. Félix, le commis du fourreur prochain, la suivait dans toute la ville, la rencontrait dans beaucoup de lieux très-isolés, et M. Dormer, l'avoué, avait assez de justesse dans l'esprit pour ne pas reconnaître dans ces rapprochemens imprévus le seul effet du hasard. M. Félix était le plus beau garçon de toute la rue des Bourdonnais, et l'avoué, quoiqu'il déclarât que ses cliens ne le payaient pas, venait d'acheter deux grandes maisons dans le faubourg Poissonnière : tous ces intérêts étaient à ménager, et la dame ne savait que faire.

Ni Rémond ni Geneviève ne comprenaient qu'on pût hésiter, lorsque l'on consultait son cœur ; mais le cœur n'etant pas le seul conseiller auquel s'adresse une jolie femme, celui-là la dirigerait toujours bien. Madame Robal songeait à ses intérêts ; ici la question devenait plus obscure, et les jeunes gens ne la pouvaient suivre dans tous ses embranchemens.

Ils étaient ensemble depuis une heure, lorsque l'on frappa vivement à la porte de l'escalier. Madame Robal, craignant que ce ne fût M. Dormer, se montra très-empressée à aller ouvrir elle-même ; elle courut, et se trouva en présence de Zoé.

« Quelle est cette mauvaise plaisanterie, lui dit-elle, Mademoiselle? Est-ce l'heure de venir à votre ouvrage, et le chemin par où vous devez passer? Je me lasse à la fin de cette investigation....

» — Au nom du ciel, Madame, dit Zoé en l'interrompant, savez-vous où peut être M. Rémond? Il faut absolument que je lui parle.

» — Voilà un désir que je ne me crois pas obligée de satisfaire, répliqua la couturière, en repoussant la porte à moitié, afin que Zoé ne pût voir l'objet de ses recherches, et une question bien inconvenante. D'où veniez-vous, Mademoiselle, avec cet air effaré, ce schall presque abîmé et cette robe qui colle si mal? En vérité on dirait que c'est madame Loten qui vous habille. »

(Or le lecteur saura que madame Loten était la superbe concurrente de madame Robal dans le quartier des Halles.)

Le mouvement que faisait celle-ci donna l'idée à Zoé qu'elle n'était pas seule. Etait-ce M. Dormer qui lui tenait compagnie? Peut-être même le jeune commis fourreur? Et alors elle eût avec quelque raison éprouvé un vif dépit, si on eût osé surprendre un secret qu'elle voulait cacher. Cependant l'heure s'écoulait, le péril à tout moment était sur le point de naître, et il fallait y dérober Henri. Cette pensée, exaltant Zoé, lui fit élever la voix, lorsque, pour la seconde fois, elle demanda si le sous-officier n'avait point paru.

« Et que lui voulez-vous, Mademoiselle ? car votre obstination me fatigue.

» — Le sauver, Madame, le sauver de la mort, répliqua Zoé poussée à bout. »

Un cri perçant lui répondit de l'intérieur de la chambre, et Geneviève, de qui il venait, s'elança vers la porte, et l'entr'ouvrant :

« Qui parle de sauver Henri, demanda-t-elle en tremblant, et de le sauver de la mort? » Rémond la suivit assez à temps pour la retenir, car après son premier effort elle fût tombée, tant elle éprouva une soudaine faiblesse. Zoé ne la croyait pas aussi près, et elle fut fâchée de l'imprudence qu'elle venait de commettre. Cependant madame Robal, assaillie par un autre genre de terreur, les repoussa tous précipitamment dans sa chambre, et tandis que Rémond cherchait à faire revenir Geneviève à la vie qu'elle semblait avoir perdue, elle engagea Zoé à s'expliquer.

Le seul aspect des traits défigurés de la fille de Marguerite faisait connaître à l'esprit le moins éclairé, avec combien de ménagement il fallait attaquer une ame si passionnée. Zoé ne fut plus surprise si Henri préférait une femme aussi supérieure; mais, en même temps, dans la crainte de lui porter de trop rudes coups, elle n'osait pas dire tout ce qu'elle avait appris: elle hésitait donc. Elle était encore indécise, lorsque Geneviève ayant quelque peu repris l'usage de ses sens, échappa aux bras de Rémond qui la retenait, et courut se jeter aux genoux de Zoé.

« Oh ! par pitié, lui dit-elle, par pitié ne me cachez rien ; ce n'est plus le moment de me tromper : sa vie est menacée, la mienne ne tardera pas à s'éteindre ; ne me ménagez pas, ce serait inutile, le trait fatal est entré dans mon cœur. »

Confondue d'une telle exaltation, Zoé perdit tout le courage qui l'avait soutenue jusqu'alors ; elle se mit à verser des larmes, et, se penchant, elle embrassa Geneviève, la releva, et, la ramenant sur le sofa, elle se décida enfin à raconter ce qu'elle avait appris. Geneviève, tout en l'écoutant, regardait Rémond d'un regard fixe, et lorsque Zoé eut achevé :

« Eh bien, Henri, dit-elle, espères-tu que nous nous sauverons ? »

Cette question faite du ton le plus

calme, après le désespoir qu'elle venait de témoigner, produisit sur les assistans une impression bien plus douloureuse. Rémond ne répondit pas; trop d'idées l'assaillaient en foule : il est pénible à son âge de quitter les chimères de la vie, les douceurs de l'amour, pour la terre humide de la tombe.

« Henri, ne me répondras-tu pas? répliqua Geneviève avec un accent effrayant. N'as-tu donc plus d'espoir?

» — Il m'en reste beaucoup, reprit-il enfin, si Serval n'est pas arrêté, ou s'il n'est pas un traître; mais si cette ressource nous manque, notre hymen, Geneviève, pourra bien ne s'achever que dans le ciel.

» — Et là, Rémond, sa durée du moins sera éternelle, » dit Geneviève en souriant comme sourit la femme forte lorsqu'elle voit le fer meurtrier s'approcher de son sein.

Ni madame Robal ni même Zoé n'étaient à la hauteur de ces deux ames; la couturière surtout était déjà anéantie, lorsqu'elle songeait que peut-être elle allait se trouver impliquée dans une conspiration contre le repos de l'État; un mot qu'elle dit démontra sa pensée, et Geneviève aussitôt :

« Henri, dit-elle, viens chez moi, c'est maintenant que je ne crains plus la rencontre de mon père..

» — Ce que vous proposez là, Mademoiselle, répondit Zoé, est impraticable; cette maison où l'on sait que Monsieur vient, sera la première surveillée; on ne tarderait pas à l'y découvrir; j'offre à votre ami un asile non chez moi, où le même danger le surprendrait, mais dans la maison d'une de mes tantes qui demeure au milieu du faubourg Saint-Victor, dans une rue écartée ; là il pourra passer quelques jours, puis on trouvera peut-être les moyens de le faire sortir de Paris. »

Cette proposition n'était guère rassurante ; mais il ne s'en présentait pas de meilleure ; le temps pressait et madame Robal, qui, pour faire réussir une intrigue d'amour, eût affronté la colère de tous les pères du monde, pâlissait au nom de la police, et se serait évanouie si elle eût vu un gendarme pénétrer dans son appartement; ce n'était pas de cette ame ordinaire qu'il fallait attendre l'héroïsme de l'amitié. Zoé, plus dévouée parce qu'elle était plus jeune, n'apercevait pas les dangers de sa coopération, et Geneviève, qui dès ce moment trouva dans la vigueur de son ame des ressources extraordinaires, aurait lutté, pour Henri, contre les décrets même de la Providence.

Ce fut elle qui, par ses instantes prières, conjura son amant de prendre le parti de dérober sa tête à l'orage; il ne voulait pas d'abord y consentir: il prétendait l'affronter et lui tenir tête; mais les larmes, les supplications de Geneviève fléchirent son courage surtout lorsque Zoé lui eut fait observer que la journée déciderait la question; que si Serval n'avait pas trahi ses camarades ou si on ne saisissait pas le titre accusateur, il n'y aurait aucune arrestation à craindre, et que le lendemain, en rentrant au quartier, il ne pourrait encourir qu'une simple peine e discipline pour avoir passé la nuit. ehors sans permission.

Près de trois heures avaient pu s'é- ouler depuis le moment où Zoé était artie de la maison paternelle pour aller la découverte de Rémond. Pendant ce emps, il s'était passé force choses. almyre, avertie malicieusement de la conférence secrète qui avait lieu entre Teillon et Athalie, était accourue chez le cabaretier avec le projet de faire ce qu'elle appelait du *bruit* dans son bas langage; elle commençait en effet ses criailleries, et l'autre fille y répondait en digne aventurière, lorsque Teillon, qui ne perdait pas la tête, demanda au marchand de vin, de lui fournir les moyens d'écrire à quelqu'un qui viendrait le sortir de cet embarras désagréable. Ce qu'il mit dans son billet piqua vivement la curiosité de Morbel, qui accourut en personne le délivrer, et qui reçut ses déclarations et celles d'Athalie. Le cas lui parut important; son ame tressaillit de joie en songeant que le hasard fournissait à son parti, l'arme qu'il désirait et recherchait avec tant de persévérance; et sur-le-champ, il fut trouver ceux qui avaient le pouvoir en main.

Les chefs trompés, comme ils le sont presque toujours, virent dans cette découverte un grand péril évité; les ordres furent donnés en conséquence d'accord avec l'autorité militaire; divers sous-officiers, plusieurs soldats furent désignés, et en même temps on se transporta promptement à la caserne du régiment de Henri; et, muni des renseignemens donnés par la fille publique, on echercha l'acte d'association ; on ne le rouva pas, et l'on crut un instant que l'on aurait fait un éclat inutile ; mais l'innocent Serval, accusé à tort par ses camarades, rentra dans ce moment; on le saisit, on le fouilla, et la pièce si dangereuse fut prise dans un porte-feuille qu'il avait placé dans une poche particulière. Ce document obtenu, l'affaire marcha rapidement : des charges terribles fournies en outre par Framond, pesèrent sur le malheureux Henri Rémond, et l'activité de la police fut mise en mouvement, afin de s'emparer de sa personne. On inspecta tous es lieux où il aurait pu se retirer; Teillon et Framond dirigèrent les recherches, et ils parvinrent trop bien à en obtenir un funeste résultat. Deux jours après Henri était dans la prison militaire.

CHAPITRE XLII.

LA PRISON.

*

Scire mori, sors prima viris, sed proxima, cogi.
LUCAIN, *Pharsale*, *chant* 8.

Le premier avantage pour des hommes intrépides, c'est de savoir mourir ; le second, c'est d'y être forcé.

*

Il était trois heures de l'après-midi lorsque ce malheureux jeune homme entra dans cette triste demeure ; l'ordre portait de s'assurer de lui ; mais on avait négligé de faire connaître s'il devait être mis au secret ; on le plaça néanmoins dans une chambre où il était seul, et il demeura, toute la soirée et toute la nuit, livré, comme on peut le croire, à de pénibles réflexions; il avait trop de perspicacité pour ne pas découvrir le danger de sa position; il ne doutait pas que l'on ne parvînt à savoir sa descente dans le souterrain du palais des Thermes. Cette terrible charge, sa signature donnée, rendaient sa cause désespérée, et il devait raisonnablement faire son adieu à la vie terrestre, car il était probable qu'on voudrait employer la sévérité d'un exemple terrible pour contenir les mécontens.

« Hélas! se disait-il, la faute de mon père a retombé sur moi; abandonné par lui, n'ayant d'autre guide que mes passions et mon inexpérience, je me suis perdu sans retour. O ma sœur! je ne te reverrai plus; du moins, en conservant vis-à-vis de toi une retenue qui m'a semblé nécessaire, aurai-je épargné un déchirement de plus à ton cœur! »

Le cours de ses idées se portait ensuite sur l'aimante et malheureuse Geneviève; il songeait avec douleur au désespoir qu'elle éprouverait lorsqu'il faudrait qu'elle apprît son arrestation; il n'osait pas se demander si elle pos séderait la force nécessaire pour sup porter un coup pareil, et, pour acheve de s'accabler lui-même, il se la figu rait dans l'agonie d'une mort amené par un chagrin que rien ne pourrai diminuer. Un bruit de clefs, les verrou de sa porte qui furent agités, le tirèren de sa rêverie : il leva machinalement le yeux, et ce fut sans surprise, mai non sans quelque joie, qu'il vit entre Molin.

« Bonjour, camarade dit celui-ci

nous ne nous attendions pas à passer la nuit ensemble de cette manière lorsque nous combattions l'ennemi : un bivouac valait mieux, et il n'y a pas de comparaison entre la voûte de cette demeure et celle d'un ciel étincelant d'étoiles et paré des merveilles de la création.

» — Comme moi, Molin, tu es ici?

» — Si je m'y trouve, c'est un peu ma faute ; j'aurais pu, ainsi que Dernon, prendre le large et me mettre à couvert; mais je suis trop paresseux pour me lancer dans la vie active d'un homme qui cherche à éviter sa destinée ; je me suis décidé à attendre la mienne dans les bras de ma maîtresse ; ce poste était bon, je m'y trouvais bien; on ne m'y a pas laissé long-temps, c'est là ce qui me fâche.

» — Pauvre ami! tu n'es pas fait, avec

ta vive gaieté, pour les tribulations qui nous attendent!

» — C'est possible, mais je les supporterai; j'étais né pour la joie, je finirai plus lugubrement; on me payait ma vie à raison de cinq sous par jour, eh bien! maintenant on l'estime plus cher, car je leur coûterai désormais une plus forte somme; il est vrai que ce ne sera pas pour long-temps.

» — Et Dernon s'est sauvé?

» — Il s'est du moins mis en route pour le faire; plaise à Dieu qu'il ne soit pas arrêté! Il a le jarret bon, l'œil de lynx, assez de courage pour préférer prendre sa dernière place dans un fossé, plutôt que de revenir nous trouver, attaché à la queue du cheval d'un gendarme; il a conservé son briquet, et dès-lors je présume que nous ne le reverrons pas. Jubart et Serval sont comme nous à l'ombre. Mon grand regret est de ne pouvoir me donner un coup de peigne avec le dernier, car un moment je l'ai soupçonné, et je lui dois une réparation; voilà les nouvelles de notre quartier.

» — Grand merci, Molin, répondit Rémond; je voudrais bien que notre ami fût heureux dans sa fuite.

» — Pour heureux, je n'en répondrais pas; il ira s'enrôler dans les rangs de ces hommes que nous avons battus tant que le père la Violette n'a pas fait de sottises; quant à moi, je préférerais tomber sous une balle française, que faire l'exercice au commandement d'un officier prussien. Et toi, mon garçon, ne me raconteras-tu pas ton entrée dans cette cage solide? Où donc étais-tu, lorsque les limiers du grand-prévôt civil ont mis leurs mains sur toi ?

» — Une jeune fille avait voulu me sauver.

» — Oui, une excellente créature, aussi blonde, petite, dodue et rose, un vrai bijou ; et si tu as été heureux, tu lui dois doublement de reconnaissance. »

Henri, sans faire de signes négatifs ni approbateurs, apprit à Molin de quelle manière il avait été chercher un asile au faubourg Saint-Victor, où les agens de la police n'avaient pas tardé à venir le surprendre ; et sa plus vive douleur, en ce moment, provenait de la flétrissure qu'il croyait avoir subie par l'attouchement de l'un de ces hommes qui avaient déjà passé par la main de l'exécuteur des hautes œuvres.

« Vraiment, pauvre Rémond! tu as là trop de délicatesse, et, à ta place, je ne m'occuperais pas de ce petit malheur; je rêverais plutôt à la jolie particulière qui doit maintenant être dans un fier désespoir; j'en juge par les transes où la mienne a été pendant ces deux jours. Ces femmes, ces diablesses de femmes, on ne les connaît bien que lorsqu'il faut les quitter pour toujours. J'en ai une..... Ah! Rémond, elle a des qualités...... Pourquoi m'en occuper? En joue, feu, pan..... Adieu, Théodorine! »

Henri ne répliqua pas; il avait transporté de nouveau son souvenir vers Geneviève, et il se rappelait les plaisirs de ce chaste amour; il n'avait jamais éprouvé auprès d'elle ces mouvemens tumultueux, enfantés par le délire des sens; mais plus il la voyait, plus il se sentait porté vers elle; le bonheur qu'il en espérait, était doux et pur, sans aucun mélange de félicités grossières. C'était là peut-être le véritable attachement.

Molin, de son côté, se promenait à grands pas; il sifflait un air, puis il s'interrompait pour regarder autour de lui, et semblait faire l'inspection de la chambre.

« Joli logement, disait-il en souriant; c'est orné comme la salle de notre colonel; les murs en sont un peu moins propres peut-être : cette lampe ne vaut pas son lustre de cristal; il y a un canapé mieux rembourré que ce banc; mais enfin, avec de belles illusions, on peut se croire ici à merveille, et il n'y a pas jusqu'à cette couchette délabrée qu'un homme qui voit bien les choses ne puisse transformer en un lit somptueux. »

Ces folies divertissaient Henri, il aimait la gaieté de son camarade, et quelquefois il l'enviait. Il lui demanda si leurs autres compagnons avaient paru touchés de leur infortune.

« Je ne le sais pas ; je suis sorti brusquement du quartier, et n'ai pas cru nécessaire d'y revenir pour connaître ce que l'on pensait sur notre compte ; sais-tu pourquoi, Rémond ? c'est que je le savais parfaitement à l'avance. Je les vois tous s'interroger réciproquement, et je crois les entendre dire : « On vient de les arrêter. — Bon ! on a donc eu des preuves? — La pièce a été trouvée. — Mon nom n'y est pas. — Ni le mien. — C'est trop imprudent que de l'écrire.

— Ils ont eu tort ensuite de se mêler de ce qui ne les regardait pas. — C'étaient pourtant de bons camarades. — Ils nous auraient compromis. — Sais-tu ce qu'il y a de mieux à faire ? c'est d'obéir, de les plaindre et d'aller boire la goutte. — Sois certain, Rémond, qu'ils y ont été, qu'ils l'ont bue, et qu'en sortant de la cantine pas un d'entre eux ne pensait à nous; avons-nous le droit de nous en plain dre ? non sans doute, car franchemen combien des nôtres avons-nous vu tomber à nos côtés sur le champ d bataille, et qui, pour tout regret, on obtenu une bonne ou mauvaise plai santerie, relative à la grimace qu'il venaient de faire, en prenant forcé ment congé de nous !

» — Ainsi il n'y a plus d'amis.

» — Il peut y en avoir, mais ce q

est sûr, c'est qu'il y a des maîtresses, et celles-là n'abandonnent jamais ; peut-être, et à l'heure où je te parle, la tienne et la mienne errent aux environs, tandis qu'il n'y a pas un seul des hommes de notre connaissance qui ne dorme d'un profond sommeil. »

Ces mots rappelèrent encore le souvenir de Geneviève, et arrachèrent un soupir à Rémond ; Molin qui l'entendit en tressaillit ; une impression indéfinissable se montra sur sa figure.

« Écoute, mon garçon, dit-il, on m'a mis avec toi afin que nous nous tinssions mutuellement compagnie, et que nous passassions plus tranquillement le peu de temps qui nous reste à vivre. Je t'avertis, et tu peux t'en apercevoir, que j'ai la bonne intention de te consoler, si je le peux ; mais en revanche ne te montre point abattu; j'aime mieux cent coups de sabre qu'un soupir qui me démonte; morbleu! figurons-nous qu'on nous a placés en présence d'une batterie ennemie; nous nous y sommes vus, Rémond, et là tu ne soupirais pas.

» — Tu n'accuses pas, répliqua celui-ci, mon courage; aussi ne sera-ce point de ce côté que je me justifierai; mais nos esprits ne sont pas faits de même; je regrette, moi, ce que je ne retrouverai plus.

» — Tant pis pour toi, mais puisque ces biens te tourmentent encore, pourquoi ne chercherions-nous pas à les ressaisir? N'y aurait-il point quelque moyen de nous soustraire à la leçon qu'on nous réserve? car enfin ma philosophie n'admet pas qu'il faille renoncer au moyen de nous sortir d'un mauis pas. On nous retient ici, et notre lonté est libre; employons-la à chercer les moyens de nous sauver. »

Henri ne croyait pas la chose possile, il ne répondit que froidement à la roposition de Molin.

« Je vois, poursuivit celui-ci, que tu s laissé toute ta fermeté à la porte, elle demeurera jusqu'au moment où tu la eprendras, pour comparaître devant es juges, et pour aller plus tard faire e voyage obligé de la plaine de Grenelle; la mienne ne me quitte jamais; u ces murs seront bien épais, ou je encontrerai peut-être leur endroit faile; je vais y rêver cette nuit, je saurai t'en rendre un bon compte demain. »

Ici le sous-officier arrangea sa couchette, s'étendit dessus; et, ayant souhaité le bonsoir à son ami, ne tarda pas à s'endormir du meilleur somme. Celui de Rémond fut plus agité ; trop de choses le tourmentaient ; quelquefois il rêvait aux époques de sa jeunesse, à celles écoulées dans le collége célèbre situé sur le revers occidental de la montagne Noire, où il avait passé de si doux instans ; Sorèze était le lieu qui l'avait vu le plus tranquille, et lorsqu'il le quitta volontairement pour courir à l'autre extrémité de la France, il ne se doutait pas que, sans retour, il s'éloignait du vrai bonheur.

Ainsi s'écoulèrent les heures de la nuit, toujours si longue pour l'être souffrant des maux physiques, ou de ces douleurs morales qui sont mille fois plus cruelles. L'incertitude de son sort futur ajoutant aux soucis de Rémond, il gémissait pour Geneviève, dont il connaissait l'excessive sensibilité, et souvent aussi il donna une pensée à Zoé en reconnaissance de ce qu'elle avait fait pour lui.

CHAPITRE XLIII.

LE PORTE-CLEFS.

*

Prenons d'abord l'air bien méchant,
Qu'à ma voix chacun obéisse,
Rien qu'à me voir, qu'au même instant
Un prisonnier tremble et pâlisse.

MARSOLLIER, *opéra d'Adolphe et Clara.*

*

LES deux sous-officiers, heureux encore dans leur infortune de partager la même chambre, ne cessaient de soupirer après le moment qui éclaircirait leur sort; ils ne s'attendaient pas à recouvrer jamais leur liberté, mais ne connaissant pas toute la rigueur des lois, ils espéraient que la vie ne leur serait pas enlevée; cependant ils rentraient bientôt dans un entier découragement, et se rappelant de quel supplice étaient tombés ceux qui avaient suivi la même route dans laquelle ils étaient engagés, ils voyaient avec une secrète mélancolie qu'un sort pareil leur était réservé.

On les tenait dans un secret rigoureux; on ne répondait ni à leurs questions ni à leurs prières, et les jours s'écoulaient dans une ennuyeuse monotonie.

« Je trouve longue la réclusion qu'on nous fait subir, disait Molin, et je préférerais partir pour la plaine voisine, que de demeurer ainsi privé de tout rapport avec le genre humain. »

Un matin, à l'heure où le porte-clefs pénétra dans leur chambre, cet homme grossier, et qui jusqu'à ce moment leur avait montré une rudesse dédaigneuse, s'avança vers Molin, et, examinant si on ne pouvait l'entendre du corridor voisin :

« Mon camarade, lui dit-il, il y a là-bas une petite femme qui vous est bien attachée, et mordieu ! elle a fini par m'attendrir moi-même ; elle rôde autour de nous depuis presque le moment de votre arrestation. M. Grognard (elle a su d'abord mon nom, et ce nom n'est pas le mien, on me le donne parce que j'ai l'habitude de me fâcher pour peu de chose); M. Grognard, dit-elle, vous devez bien connaître le sergent-major Molin ? — Non, Mademoiselle. — Si, Monsieur, vous le connaissez ; c'est un grand jeune homme, mince et de bonne mine, qui a les yeux bleus et les cheveux noirs, et qui est sous votre surveillance. — Diable! voilà un portrait ressemblant. — Oh! c'est que je le connais. — Vous êtes sa femme? — Mieux que cela, je suis son amie, et je me meurs si je ne le vois pas. — Là-dessus, elle m'entreprend; je la repousse; elle revient à la charge; je crie; elle pleure, je me sauve. Mais elle est tant revenue, elle a si souvent pleuré, que moi, après l'avoir traitée de la bonne manière, j'ai fini par devenir aussi bête qu'elle, et que je lui ai dit : Eh bien! Mademoiselle, de quoi s'agit-il? Oh! c'est alors qu'elle en a dégoisé sur tous les tons : il ne s'agissait de rien moins que de vous faire sauver. Je me suis bouché les oreilles. — Tenez, bon Grognard, prenez cette lettre. — Bernicle. — Au moins, dites-lui que je l'aime bien. — A la bonne heure, j'ai consenti à m'acquitter de cette commission. »

Molin, malgré sa légèreté naturelle, fut attendri par ce grotesque récit; il lui dut la preuve que Théodorine ne l'avait pas oublié, qu'il n'était pas seul dans le monde puisqu'il y avait un cœur pour répondre aux battemens du sien. Ceci lui donna un nouveau courage, et dans sa joie il sauta au cou du vilain porte-clefs.

« Rendrai-je ce baiser à la *particulière ?* demanda ce dernier.

» — Dites-lui que je ne songe qu'à elle, et qu'il me sera bien doux de la revoir.

» — Voilà qui est bien, il n'y a dans cela rien de suspect ni de contraire à la règle. Maintenant, poursuivit cet homme en se tournant du côté de

Henri, j'ai pour vous un message à peu près semblable.

» — Et vous ne m'en parliez pas, répliqua Rémond, et vous me laissiez dans la douleur de croire que Geneviève m'avait oublié.

» — Henri, dit Molin en tirant son ami par la manche, je crois que c'est Zoé qu'elle s'appelle; à moins toutefois qu'il n'y en ait deux.

» — Et c'est justement l'affaire, ajouta Grognard; vous n'avez qu'une femme qui vous demande; elles sont deux qui s'intéressent à votre compagnon.

» — Et Geneviève, que vous a-t-elle dit? depuis quand songe-t-elle à moi? où l'avez-vous vue? demanda Henri avec anxiété.

» — Ah! pas aussi souvent que l'autre; celle de M. Molin, veux-je dire. Des deux vôtres, l'une est blonde et grassouillette, elle a une mine charmante qui fait plaisir à voir ; l'autre est grande, élancée et pâle, c'est un beau brin de brune ; mais je ne l'aimerais pas, moi ; elle est toujours dans les larmes, et quand elle vous prie elle a l'air de vous commander. Il faut cependant que ces manières-là ne déplaisent pas à tout le monde, car notre maître et *son épouse* se sont pris d'une belle amitié pour elle ; ils la consolent et lui ont promis qu'elle pourrait vous parler dès que la rigueur du secret serait levée, et c'est presque avec leur autorisation que je viens vous donner de ses nouvelles. Sa compagne a pourtant meilleur visage ; il y a là surtout plus d'embonpoint. »

Les deux militaires accablèrent Grognard de questions, ils le chargèrent de tout ce que leur amour leur suggéra de plus tendre; ils ne songeaient pas que ce personnage était incapable de rapporter les propres expressions dont ils s'étaient servis, et ils s'embrassèrent avec vivacité lorsqu'il les eut quittés.

« Ah ça! Rémond, dit alors Molin, mets-moi un peu au fait de ton histoire; j'aurais parié ma tête que cette jolie enfant dont tu avais pris si vigoureusement la défense au salon de Mars, et qui était venue à la caserne essayer de nous sauver, était ta bonne amie. Sais-tu qu'elle m'a paru digne d'un attachement solide? et si tu as pu trouver mieux, tu es un gaillard d'un bonheur remarquable. Mon cher garçon, alors pourquoi t'es-tu jeté dans la politique, au lieu de te borner à faire l'amour? »

Henri, prenant la parole, lui expli-

qua ce qu'il lui avait tu jusqu'à c
moment; tout nous porte à croire qu'e
racontant sa double intrigue, il ne di
pas positivement ce qui avait pu s
passer entre lui et Zoé, mais il exalt
les mérites de Geneviève, et dans tout
cette partie de son récit il n'eut pas un
seule circonstance à déguiser.

Le lendemain de cette journée q
les avait rapprochés du monde en l
plaçant en communication indirect
mais positive avec les êtres qui les ché
rissaient, on les fit comparaître séparé-
ment devant les magistrats qui devaien
instruire leur procès, et on leur demanda s'ils voulaient choisir eux-même
les avocats chargés de défendre leu
cause. En même temps on leur présent
une liste où s'étaient inscrits plusieur
membres de cet ordre respectable qu

avaient offert gratuitement leur minis-tère; aucun n'étant connu des deux amis, ils choisirent au hasard, et le hasard les servit comme aurait pu faire le conseiller le plus éclairé. On les laissa communiquer avec leurs défenseurs; on procéda à leur interrogatoire, et la loi du secret, sous laquelle ils étaient encore, fut levée. Ici nous allons les abandonner, et reprendre quelques parties du récit laissées en arrière.

Zoé apprit la première l'arrestation de Henri, qui avait eu lieu chez la vieille parente où elle lui donnait asile. Son cœur aimant sentit avec amertume la force de ce coup, mais elle apprécia plus encore celui qui atteindrait le cœur de Geneviève. Espérer que celle-ci pourrait ignorer ce malheur, était une chimérique croyance; il fallait au contraire prévenir qu'une bouche indiscrète ne l'annoncât sans ménagement; la jeune fille courut d'abord chez madame Robal à qui elle conta l'affaire.

« Ne m'en parlez pas, dit cette dame, M. Dormer me querelle vivement de m'être mêlée d'une pareille aventure; il prétend que je pourrais bien être entendue en témoignage, et que tout cela me donnerait du désagrément. »

Il n'y eut pas moyen de faire jaillir une étincelle généreuse de cette ame commune, et lorsque Zoé parlait à ses sentimens, elle alla jusqu'à la consulter sur la robe qu'elle devrait mettre le jour où on l'appellerait devant le tribunal.

La fille du cabaretier voyant qu'il n'y avait rien de bien à espérer d'elle, lui dit avec indignation que puisqu'elle andonnait ses amis dans le malheur, lle ne méritait pas d'en avoir, et après peu de paroles elle se décida elle-ême à monter chez Geneviève, qui, epuis le moment qu'elle avait appris e danger de Rémond, était demeurée ans un état complet de stupeur. Son ère en avait pressenti la cause; il se outait quel était le premier mobile du alheur de ce jeune militaire, que sa lle en éprouverait un violent chagrin; ais pour la consoler il compta sur e temps et sur son âge.

Marguerite pensait autrement; elle imait Geneviève de toute la tendresse ont une mère est susceptible, et dès-ors elle ne croyait pas qu'il fallût la ontrarier dans ses désirs. Elle n'avait as des idées bien arrêtées sur la dé-nce convenable à sa position; elle pensait que l'amour excusait toutes choses, et ne voulait pas voir au-delà. Elle s'était aperçue, dès le premier moment, du nouveau désespoir de sa fille, et elle n'eut pas de repos qu'elle n'en eût appris le motif; elle en ressentit une vive douleur, et redoubla de soins pour adoucir le légitime chagrin de Geneviève.

Celle-ci pleurait son amant dans les bras maternels, lorsque Zoé se présenta devant elle. L'aspect de cette jeune fille, le nuage qui couvrait son front lui inspirèrent une nouvelle terreur: elle se leva promptement, voulut l'interroger; la parole expira sur ses lèvres, et elle retomba sur son siége, laissant couler ses larmes, et poussant de pénibles sanglots. Marguerite, loin d'envisager toute l'étendue du malheur qu'elle pouvait apprendre, questionna Zoé sur le compte de Rémond.

C'était la placer dans une position embarrassante; elle hésitait à parler, elle en sentait néanmoins la nécessité; ses forces l'abandonnèrent également elle-même, et au milieu d'un déluge de pleurs, et en pressant Geneviève dans ses bras, elle parvint à lui dire d'une voix étouffée que Henri venait d'être arrêté. Décrire l'effet que produisit cette fatale nouvelle sur la fille de Framond, est au-dessus de notre pouvoir. Cependant elle ne se laissa pas aller à ces évanouissemens fréquens auxquels elle était sujette; le mal affreux qui blessa son cœur à mort ne se montra pas sous les symptômes de la faiblesse

Marguerite tâcha, par tout le développement de l'amour maternel, de guérir en partie la force du coup ; elle s'engagea de la façon la plus solennelle à contraindre Framond à recevoir Henri pour gendre ; elle fut même plus loin, l'insensée ! elle ne redouta pas de laisser entendre que, dans le cas d'un refus opiniâtre de sa part, elle avait à sa disposition des moyens qui le contraindraient au consentement nécessaire. Ses efforts furent vains. Geneviève était dans cette position horrible où, trop frappés par le présent, nous n'espérons plus rien pour l'avenir, où même nous ne songeons pas s'il peut nous offrir des chances favorables.

Zoé, par un instinct plus délicat, et faisant l'abandon de ses prétentions ou de ses droits secrets, toucha une corde directe; elle ne parla que des moyens à prendre pour voir Rémond et pour le consoler dans son malheur. Dès-lors la faiblesse de Geneviève disparut; elle trouva en elle-même une énergie qu'elle n'avait pas soupçonnée jusque-là; elle prit le bras de son amie, et voulut à toutes forces courir sur-le-champ vers la prison. Marguerite n'eut garde de lui refuser cette grâce; elle voulut seulement l'accompagner. Elles partirent toutes les trois ensemble, et l'inefficacité de leurs premières démarches ne les rebuta pas. Geneviève seule ou en compagnie revint plusieurs fois à la maison d'arrêt; sa beauté, sa douleur excessive, son éloquence naturelle touchèrent à tel point le gardien et sa femme, que ceux-ci, après les premiers interrogatoires, demandèrent eux-mêmes à l'autorité compétente la permission d'accorder à cette amante infortunée une entrevue qu'elle sollicitait avec tant de vivacité.

Tel est l'empire irrésistible que la beauté unie à l'héroïsme obtient presque toujours sur les hommes.

CHAPITRE XLIV.

L'ENTREVUE.

*

Je crus voir un esprit céleste qui venait me visiter dans ma douleur.

COHEN.

*

Il était quatre heures du soir, Molin venait de se jeter tout habillé sur son lit, et en peu de temps y avait trouvé le sommeil. Rémond, les deux bras appuyés sur la table, lisait ou plutôt croyait lire un roman nouveau que le porte-clefs lui avait apporté. Les malheurs imaginaires des personnages dont on racontait l'histoire, le ramenaient à sa propre infortune et le plongeaient en d'amères réflexions. Les pensées les plus lugubres venaient l'assaillir, et il ne faisait pas ces songes brillans, consolation ordinaire de ceux qui souffrent.

Pendant ce temps il s'éleva un orage; le vent soufflait avec violence, et la pluie battait les carreaux de la petite fenêtre; bientôt de longs éclats de tonnerre annoncèrent mieux encore l'une de ces convulsions de la nature qui s'en sert pour rafraîchir les airs. Le bruit de l'ouragan porta Rémond vers une plus profonde mélancolie. Les mugissemens qu'il entendait lui semblaient être le bruit confus de cette populace dont la foule viendrait avidement assister à ses derniers instans. Il comparait le son plus aigu qui s'échappait à travers quelques ouvertures, aux gémissemens de ceux qui le chérissaient, et le nom de Geneviève erra tout aussitôt sur ses lèvres.

Il se redressa sur son séant, voulût tourner la page, afin d'échapper à un souvenir qui lui rendait sa peine plus cuisante; cela lui fut impossible: ses yeux se troublèrent; il y porta ses mains; et penchant de nouveau son corps, il continua à se perdre en de pénibles rêveries. Un éclat terrible et prolongé de la foudre ne lui fit pas changer de position, et ne lui permit pas d'entendre le bruit que la porte de la chambre venait de faire en s'ouvrant; ou s'il en entendit quelque chose, il crut que le porte-clefs venait les visiter une dernière fois, comme il le faisait chaque soir.

Mais bientôt un soupir poussé tout auprès de lui, une marche légère qu'il entendit, deux bras qui l'étreignirent, et des larmes qui l'inondèrent, l'arrachèrent à sa stupeur pour le porter vers un bonheur d'autant plus inattendu, qu'il n'était pas préparé par l'espérance.

« Henri! oh! mon Henri! disait Geneviève d'une voix éteinte par la douleur et par la joie , en le comblant des plus tendres caresses; je te revois! je suis près de toi! Mon Dieu! comment se fait-il que je ne suis pas entièrement contente? »

Rémond, de son côté, partageait ce délicieux délire; les termes lui manquaient pour l'exprimer; mais il le goûtait avec toute la véhémence d'une ame méridionale. Il était heureux par-delà toute expression ; et ayant assis Geneviève sur ses genoux, il se mit à la contempler avidement, ne pouvant croire à tant de félicité, et craignant qu'elle ne disparût avec la fin de sa rêverie.

« Est-ce bien toi, lui dit-il, toi, si tendrement aimée, toi que je n'ai jamais cessé de chérir, à qui j'ai rapporté toutes mes pensées ! Oh ! mon amie, qui dois-je environner de toute ma reconnaissance pour m'avoir procuré le bonheur de te revoir ? Dès ce moment je rentre dans la vie, notre séparation m'en avait arraché. »

Geneviève en réponse lui conta tout ce qu'elle devait à la bonne Zoé et à la pitié généreuse des gardiens de la maison d'arrêt. La première et Marguerite l'attendaient à quelque distance ; on n'avait pas voulu leur permettre de l'accompagner. « Oh ! qu'ils ont été pénibles, malgré la joie que j'éprouvais de te revoir, les déchiremens de mon cœur, en pénétrant dans cette demeure terrible, en parcourant ces longs corridors, en contemplant ces voûtes sous lesquelles tu souffres depuis si long-temps ! Leur aspect a achevé de briser mon ame ; je ne me connais plus, et je ne sais où je retrouverai la résignation nécessaire pour me séparer de toi. »

Tandis que Geneviève parlait, Rémond avec enthousiasme la contemplait si tendre et si belle ; ses grands yeux noirs brillaient d'un éclat extraordinaire ; il y avait, dans les mouvemens de sa bouche, quelque chose de si passionné, que le regard le plus inattentif l'aurait remarqué ; des nuances d'un coloris formé par l'action brûlante du sang, venaient, comme des éclairs, se montrer et puis disparaître sur ses joues blanches et pâles tout à la fois. Plusieurs tresses de ses longs cheveux s'étaient détachées sous le léger chapeau de paille qui les retenait; elles tombaient çà et là, et elles ajoutaient au charme de cet ensemble enchanteur. Henri conçut sans peine combien on devait tenir à la vie, lorsque l'on était aimé d'une pareille créature, et dans le moment il n'imaginait pas que l'on eût la barbarie de les séparer pour toujours.

On doit juger avec quelle véhémence il répondit aux douces paroles qu'il venait d'entendre; elles avaient délicieusement retenti dans le fond de son cœur, elles en remplissaient tout l'espace, et il lui semblait qu'adorer Geneviève ce n'était pas encore assez. De part et d'autre, la tendresse était égale, et néanmoins elle n'avait rien d'emporté; les transports étaient purs comme les caresses innocentes; ils oublièrent l'univers et tout ce que celui-ci renfermait.

Au milieu de cette ivresse sans égale, Molin se réveilla, tandis que le tonnerre continuait à gronder; un éclat des plus violens décida la fin de son sommeil; il se leva avec précipitation, croyant que la foudre était tombée dansla chambre, et ses regards se dirigeant vers le point éclairé par la lampe, il aperçut le groupe enchanteur que formaient Rémond et sa maîtresse.

« Oh! oh! s'écria-t-il, sommes-nous prêts à monter au paradis, puisque déjà nous avons la visite des anges? »

Le bruit qu'il avait fait en se remuant, et les mots qu'il prononça, rappelèrent au couple amoureux qu'un autre individu occupait aussi cette pièce; ni l'un ni l'autre n'y avaient songé jusqu'à ce moment; Geneviève, honteuse d'être surprise sur les genoux de Henri, s'arracha de ses bras, et rougit plus complètement qu'elle ne l'avait fait jusque-là.

« Pardonnez-moi, Mademoiselle, si je vous dérange, ce n'est pas ma faute, et s'il ne dépendait que de moi, nous aurions un plus vaste appartement. »

Rémond sourit au discours de Molin, et passa de nouveau son bras autour du beau corps de Geneviève, soit pour la rassurer, soit pour déclarer qu'elle lui appartenait; et elle ne disait rien.

« Faut-il que je m'en aille ? » poursuivit Molin, en faisant semblant de marcher vers la porte massive solidement fermée en dehors.

Ces démonstrations d'une gaieté à laquelle elle était indifférente, surprirent la jeune fille, sans adoucir la douleur qui la dévorait ; elle jeta un mélancolique regard sur Rémond, et elle salua Molin en silence, ne pouvant concevoir que, dans un lieu consacré à la douleur, on pût éprouver une allégresse si disparate avec les horreurs d'une prison.

« Ami, dit Henri à son camarade, elle ne te comprend pas ; une seule idée remplit toute son ame étrangère à ces distractions que nous procurent les habitudes de notre existence ; ta légèreté te fait oublier que nous sommes dans les fers, elle se le rappelle toujours, et cette pensée constante la trouble sans cesse et l'abat.

» — Je vous plains, Mademoiselle, si dans la longue carrière que votre âge vous doit faire espérer de parcourir, vous ne savez pas supporter par quelques distractions les peines nombreuses qui vous assiégeront, comme elles assiégent toute la race humaine ; le plaisir est le seul topique qui puisse guérir les blessures de l'ame ; c'est au moins le seul opium qui puisse aider à les engourdir.

» — Où peut-on les trouver? demanda Geneviève ; lorsque le cœur est brisé, les éclats de rire, même quand il les recherche, n'enveniment-ils pas davantage la plaie? Pour moi, il me semble qu'ils font, à mon oreille, le même effet que le ton aigre et dur d'un méchant instrument. »

Molin avait de l'esprit naturel, mais pas cependant les ressources nécessaires à pouvoir soutenir une conversation suivie ; l'exaltation de la jeune fille, son corps droit, et comme élevé vers le ciel, le feu qui brillait dans ses yeux, et ses paroles inspirées lui causèrent un profond étonnement ; il eût badiné avec l'instrument de sa mort, et persiflé le chagrin sous quelque forme qu'il se fût présenté ; aussi ne chercha-t-il pas à prolonger une conversation où une sorte d'instinct de comparaison lui donna à connaître qu'il ne brillerait pas, ou qui pouvait être inconvenante à cause des sentimens supérieurs de sa belle antagoniste.

Celle-ci eût bien voulu que Rémond

estât seul avec elle; ce nouveau venu, ar sa présence et ses paroles vulgaires, vait rompu tout le charme de leur en-retien. Cependant elle ne se sentait as le courage de se retirer, elle atten-ait qu'on vînt la chercher, et à demi-enchée dans les bras de Rémond, ap-uyant sa tête sur son épaule, elle jouis-ait de cet intime rapprochement. Le ruit de l'orage, qui ne discontinuait pas, emblait suppléer au silence général; enri partageait aussi ce même embar-ras, et goûtait ce même bonheur, tan-dis que Molin se promenait de long en large, sifflant un air vif à demi-voix, et se rapprochant parfois de la fenêtre, dans l'intention d'examiner les éclairs. Un tel silence lui déplaisait, et pour le rompre :

« Mademoiselle, lui dit-il, oserais-je

vous demander si l'entrée de notre prison est libre, ou si vous la devez à une protection particulière? »

Geneviève alors raconta comment elle était parvenue à intéresser les gardiens de cette maison, et de quelle manière ils avaient obtenu pour elle la permission de venir communiquer avec son amant; elle redit ce que Rémond savait déjà, et le nom de Zoé sortit de sa bouche; Molin, l'ayant entendu prononcer, se dit à lui-même avec dépit :

« N'est-il pas vraiment bien à plaindre? l'une est avec lui, et l'autre attend son tour à la porte; voilà ce que c'est que de pleurer, on attendrit tout le monde. Pauvre Théodorine! si tu en savais faire autant, je ne serais pas seul à bâiller aux corneilles, et nous aurions le plaisir de la partie carrée la plus agréable. »

Geneviève ne l'entendit pas, un autre soin l'occupait, une main vigoureuse repoussait les verroux de la porte; elle comprit qu'on allait la séparer de Rémond; son courage l'abandonna soudain, et ses beaux yeux se remplirent de larmes; Rémond, également désolé, partagea son émotion. Le porte-clefs entra.

« Allons, jeune dame, dit-il, on va fermer la maison, et pour plus grande sûreté on veut que vous partiez; vous avez eu assez le temps de dégoiser tout à votre aise, et depuis que vous êtes ici le plus madré des procureurs aurait accommodé un gros procès. »

Geneviève, sachant qu'elle devait obéir, s'arracha avec peine des bras de Henri qui la conduisit jusqu'à la porte que Grognard referma brusquement.

« Rémond, dit Molin, comme tu es impoli ! Laisse-t-on une jolie femme retourner chez elle à cette heure et par le temps qu'il fait, sans l'accompagner ? »

CHAPITRE XLV.

THÉODORINE.

*

Vincuntur molli pectora dura prece.
TIBULLE, *liv.* 3, *Elég.* 4.

Avec des prières affectueuses on triomphe des cœurs les plus durs.

*

Il y avait une femme qui ne quittait plus les environs de la prison où étaient renfermés les deux militaires; on la voyait, modestement vêtue, se promener sous les croisées, épier ceux qui entraient ou sortaient, et demeurer, pendant des heures entières, immobile à la même place, attachant ses grands yeux bleus sur ces tristes murailles. Elle était petite et jolie, il y avait sur son visage un mélange de désespoir et d'abandon qui produisait un effet singulier. Elle partait lorsque le jour tombait, et le moment où elle se mettait en route, était précédé par des torrens de larmes. Il n'y avait cependant pas dans ses manières ce charme qu'imprime la vertu; elle étonnait et elle n'intéréssait pas. Le seul porte-clefs s'était laissé toucher par elle, mais le concierge était resté inflexible; elle n'avait jamais pu franchir le seuil de la porte, on la repoussait et elle ne se rebutait point.

Un jour qu'elle venait d'essuyer un refus et que dans son désespoir elle blasphémait la Providence, une subite inspiration la frappa; elle s'éloigna promptement et vint dans la rue de la Bibliothèque. Elle entra dans une allée.

La femme chez laquelle elle se présenta, poussa à sa vue un cri de surprise.

« Oh! Théodorine, te voilà donc revenue; tout le monde ici te croyait partie, on ne te rencontrait nulle part; tu t'es lassée de mener une autre vie, et tu as eu raison; il n'y a de bon ici-bas que le plaisir et l'insouciance. »

Théodorine ne répondit pas à ces vains propos, elle lui demanda où était Teillon, et si elle ne pourrait pas le voir dans la journée.

« Vas-tu, répliqua Palmyre, me jouer le même tour qu'Athalie? n'a-t-elle pas tenté, la misérable, de m'enlever mon amant? Elle lui a donné un rendez-vous ici tout proche, et sans Malvina qui vint m'avertir, j'étais une fille trahie. »

Théodorine la rassura, mais elle lui réitéra sa prière.

« Que lui veux-tu? as-tu fait quelque sottise pendant ton absence ? et son crédit t'est-il nécessaire auprès de M. l'inspecteur ? »

Théodorine ne lui confia pas son secret, et elle attendit que Teillon arrivât. Elle eut jusqu'à ce moment à écouter toutes les histoires des honnêtes maisons de la rue. « Athalie, dit Palmyre, a eu du malheur; ma colère a dû jeter un sort sur elle, car depuis ce moment rien ne lui a réussi. Elle a touché à la même époque une assez grosse somme d'argent, qu'elle a bu, qu'elle a mangé avec *de bons enfans.* Cela allait à merveille, lorsqu'avant-hier, deux militaires, fondant sur elle à l'improviste, lui ont cassé un bras et crevé un œil. »

Elle était à ce point de son récit, quand on entendit Teillon monter l'escalier aussi vite que s'il eût été poursuivi. Il ouvrit brusquement la porte de la chambre, la ferma à clef avec la même vivacité, poussa le verrou, et alors il parut se croire tranquille.

« Que t'arrive-t-il, lui demanda Palmyre, et quel mauvais coup cherches-tu à éviter?

» — Je suis, dit Teillon, épouvanté, menacé dans ma vie; les militaires qui ont presque tué Athalie, ont juré pareillement de m'assommer. Ils disent que les soldats de deux régimens ont tous le même dessein, et je ne suis plus en sûreté dans Paris. »

En prononçant ces paroles, il tressaillit de nouveau, car il aperçut Théodorine qu'il n'avait pas d'abord remarquée; celle-ci venant à lui et le prenant par la main : « Teillon, lui dit-elle, il faut que je te parle.

» — Que me veux-tu, toi qui es liée avec mes ennemis?

» — Ecoute moi? lui répliqua-t-elle, et elle le conduisit malgré lui dans un coin écarté de la salle ; je veux entrer dans la prison et voir mon amant. Je me suis adressée à toi pour que tu me facilites le moyen d'accomplir mon souhait.

» — Ah! répondit Teillon en riant; le fameux tapageur qui m'a offensé à tant de reprises, est engagé enfin dans une fâcheuse route; il y passera, la belle, et je te charge de lui dire que c'est moi qui l'ai conduit là. »

Théodorine, en écoutant ces derniers mots, chercha dans son sac quelque chose qu'elle ne trouva pas; et alors son œil étincela d'une effrayante manière. Celui qui lui parlait en eut peur et se recula; mais elle, surmontant son émotion , répliqua d'une voix sourde :

« Comment le lui dirai-je, si je ne puis parvenir jusqu'à lui? je m'acquitterai de ton message si tu me fais ouvrir la porte de la prison.

» — C'est un plaisir que je me donnerais, si je t'y savais indifférente; mais vous en auriez tous deux une trop vive satisfaction; je lui ferai dire par un autre comment je me suis vengé de ses affronts.

» — Teillon, quel sentiment éprouvais-tu, lorsque tu t'es renfermé dans cette chambre? N'avais-tu pas la crainte d'un danger imminent?

» — Que t'importe ?

» — Tu aimes la vie ?

» — J'y tiens d'autant plus que je ne me soucie pas d'aller trop vite régler mes comptes là-haut.

» — Eh bien ! misérable ! reprit Théodorine, en le saisissant avec force par son habit, tu ne mourras que de ma main si je ne vois pas mon amant. »

Teillon pâlit, et sa maîtresse vint à lui.

« Prends-y garde, lui dit-elle, Théodorine le fera comme elle le dit : c'est un démon que cette fille. Sais-tu qu'un soir, au théâtre des Variétés, Malvina, se trouvant assise auprès de deux étrangères, entendit l'une de celles-ci dire à l'autre, en lui montrant Théodorine, qu'elle la reconnaissait, et qu'elle lui avait vu tuer un homme en Espagne ? »

Une subite rougeur couvrit le front de Théodorine, qui, sans paraître faire attention à cette inculpation, demanda une seconde fois à Teillon s'il était disposé à la satisfaire.

« Il faut bien s'accommoder à tes caprices, lui dit-il encore un peu ému ; demain trouve-toi sur le Pont-Neuf, devant la plate-forme, et là j'espère t'apporter le permis dont tu as besoin.

» — J'y compte, répliqua-t-elle, et songe que si tu me trahissais, ma captivité ne serait pas éternelle, et qu'alors.....» Elle n'acheva pas, se contentant de lui lancer un coup-d'œil foudroyant. Elle sortit ensuite, et Palmyre dit alors :

« Elle a raison, vois-tu, c'est son amant, on peut bien le faire mourir ;

mais il n'est pas honnête de lui refuser de le voir.

»—Elle a tué un homme ! dit Teillon; si on pouvait le prouver !

»—Oui, vas-en chercher la preuve; une femme voilée que Malvina n'a pu voir, et qui s'est trompée peut-être; laisse cela, et tiens-lui ta promesse: il ne faut pas badiner avec les femmes, souviens-t'en. »

Le lendemain, Théodorine était assise sur les degrés du piédestal de la statue d'Henri IV. Son regard d'aigle plongeait sur toute la longueur du quai des Orfèvres; elle attendit pendant trois heures dans la plus vive anxiété. Deux fois, pendant ce temps, il tomba de la pluie, la sentinelle rentra dans sa guérite, mais Théodorine ne changea pas de place; tout-à-coup, elle se leva et partit avec rapidité; elle avait reconnu Teillon, il venait à elle avec sa marche incertaine et nonchalante; elle fut bientôt arrivée jusqu'à lui.

« Me voici, lui dit-elle avec hauteur.

» — Et te voilà, » répondit-il avec épouvante.

Elle prit le *laissez-passer*, et, sans remercier celui qui le lui donnait, elle s'éloigna aussitôt. Teillon en la voyant partir se sentit délivré d'un poids énorme, il n'eut pas même le courage de la poursuivre d'un sarcasme ou d'un sourire malfaisant, tant le lâche était terrassé par l'énergie d'une ame supérieure. Il poursuivit son chemin et arriva chez Palmyre, satisfait, lui dit-il, d'avoir contenté Théodorine; ce misérable n'expliquait point toute sa pensée.

Cependant Théodorine arriva à la porte de la prison ; on était accoutumé à l'y voir, et le malicieux Grognard ouvrait souvent la bouche pour lui dire: On n'entre pas ; mais il ne prononça pas cette phrase banale, ayant reconnu dans la main de Théodorine le permis qui devait abaisser devant elle les barrières de ce lieu de terreur.

« Ah ! vous avez donc de bons amis, lui dit-il? Allons, suivez-moi, puisqu'il faut que je vous introduise. »

Ces formalités remplies, Théodorine monta avec rapidité l'étroit escalier, et malgré son courage elle fut contrainte, lorsqu'elle eut atteint le dernier degré, de s'arrêter un moment et de s'appuyer contre la muraille. Le porte-clefs pendant ce temps ouvrait lentement les verroux, et puis s'avançant le premier dans la chambre:

« Voici, dit-il à Molin, de la compagnie que je vous amène. »

Il fut presque culbuté sur Rémond qui était tout auprès, par la vivacité avec laquelle Théodorine le poussa, afin de pouvoir se jeter plus vite dans les bras de son amant. La mauvaise humeur du personnage s'exhala par des imprécations que Henri put seul entendre, car ni Molin ni Théodorine ne perdirent leur temps à l'écouter. Celle-ci, heureuse d'être parvenue où elle désirait tant de venir, pleurait, riait tout à la fois; elle n'exprimait sa joie que par des mots sans suite, que par des phrases entrecoupées dont on ne pouvait comprendre le sens qu'en le recherchant dans ses yeux.

Molin sortit enfin de cet enchantement qui offre tant de délices. « C'est donc toi, toi, ma petite! ma foi, nous avons eu le temps de nous oublier; et si tu ne l'as pas fait, il faut que je sois pourvu d'un grand mérite.

» — Mon cœur, repartit Théodorine, n'a jamais rien perdu, et il est certains souvenirs qui y sont gravés en traits ineffaçables.

» — Mon Dieu! répliqua Molin, se peut-il que des gens comme nous, élevés aux belles manières, n'ayons pas déjà songé que nous n'étions pas seuls dans cet appartement? M. Henri Rémond me pardonnera (poursuivit-il en affectant une gravité comique), si je ne lui ai pas déjà présenté madame.... Quel est ton nom, Théodorine? Il faut que la présentation soit faite en règle.

» — Mon nom, répondit-elle en saluant Rémond, je ne m'en souviens plus, et je ne crois pas qu'il soit nécessaire que je me le rappelle. Me restera-t-il beaucoup de temps à m'en servir?

» — Soit; aussi bien n'est-ce pas un vain mot qui frappe l'air, mais bien la personne elle-même, qu'il est important de connaître, et j'aime à croire, Henri, que tu en trouveras rarement une qui soit plus sincère et plus dévouée: elle a eu le temps de s'éprouver; et après avoir goûté du mal et du bien, sa conviction lui a prouvé que le bien est préférable.

» — J'aurais dû, dit Théodorine avec un soupir, faire plus tôt cette découverte; pourtant il vaut mieux tard que jamais. »

Et ses beaux yeux se remplirent de larmes.

« Oh ça, Théodorine, se hâta de répliquer Molin, ne va pas nous donner le second tome d'un ouvrage sur la tristesse. Nous pouvons lire à notre aise dans le premier, lorsqu'une ange terrestre vient visiter ce garçon de bonne mine; le chagrin qui éclate dans tout son être me jette du noir dans l'ame, et nous n'en avons pas besoin dans notre position. Le dénouement de la pièce de notre vie ne sera pas gracieux; il ne faut pas en noircir inutilement les dernières scènes. »

Théodorine embrassa vivement Molin, et cacha son visage un instant sur sa poitrine; puis elle le releva tout en feu, et animé d'une joie effrayante:

« Oui, dit-elle, amusons-nous;

ouons, nous le pouvons encore, et 'ailleurs, à quoi servent les regrets? h! si de même il y avait des moyens our faire disparaître les souvenirs, on rriverait sans terreur au terme de 'existence.

» — Foin des femmes! s'écria Molin; oilà cette folle que l'influence du sexe ntraîne, et qui s'avise d'être sensible, orsque son ami ne la voudrait que endre et résignée.

» — Oui, Molin, j'ai tort. A toi pour toujours, reprit-elle en lui pressant la main avec vivacité; aussi bien que m'importe? nous ne nous séparerons pas. »

CHAPITRE XLVI.

L'ASSEMBLÉE.

*

Oui, c'est lui! de la tombe il monte menaçant.
SHAKSPEARE, *Hamlet.*

*

DES lampions placés sur les bornes posées aux deux côtés de la porte d'entrée d'un hôtel du faubourg Saint-Germain, l'illumination de la cour, les fleurs qui décoraient l'escalier, tout annonçait une de ces soirées que la futilité française a empruntées au mauvais goût anglais. La foule se pressait dans de vastes appartemens où la chaleur était telle, que les bougies à peine allumées disparaissaient. Une atmosphère de mauvaise odeur enveloppait les convives, les poitrines étaient oppressées, on respirait péniblement. Les robes étaient déchirées, et les habits des hommes ne couraient pas moins de danger dans cette confusion, où chaque assistant devait combattre pour obtenir le droit de circuler dans les salons.

« Mon Dieu! la belle chose que votre *rout*, disait madame de Sédenart; on y étouffe, on y meurt.

» — Il est vrai, lui fut-il répondu, que l'on a mis de l'empressement à me demander des billets; mes relations sont très-étendues, et tout Paris est venu chez moi.

» — Oh! c'est charmant! il n'y a que cette manière pour se bien amuser.

Mais que se passe-t-il donc dans ce groupe?

» — C'est la duchesse de.... qui vient de se trouver mal.

» —Ah ! mon Dieu, que je la plains! s'écria la dame du lieu ; il y a du reste un service organisé pour ces sortes d'accidens, et chaque fois que je donne une soirée , je mets dans le marché que je passe avec mon tapissier, qu'il préparera une chambre d'une manière convenable, afin qu'on puisse y transporter les personnes qui se sentiraient incommodées.

» —Vous êtes la bienfaisance même, ma bonne amie, » lui dit madame de Sédenart, en lui serrant la main d'une façon toute sentimentale. Les deux dames se séparèrent, et Morbel s'approcha de sa complice. Il était admis dans le monde, on ne savait vraiment à quel titre, car à une tournure commune il joignait un esprit à l'avenant; mais il avait pour appui son chef et son crédit : avec ces deux moyens on va loin; et ils sont rares, ceux qui s'avisent de demander *pourquoi cet homme est-il parmi nous?*

« Je ne puis plus respirer, dit Morbel.

» — Et moi je me meurs, ajouta la dame; ne pourrions-nous sortir d'ici?

» — On vient d'ouvrir une fenêtre, et, en la franchissant, nous nous trouverons dans le jardin.

» — Conduisez-moi, je vous prie, je ne me sens pas bien; j'ai là, d'ailleurs, dit-elle en montrant son sein, un papier qui m'embarrasse; on pourrait le voir si je m'évanouissais ; et comme tous les convives ne sont pas ici congréganistes, cette découverte ne m'amuserait pas. »

Morbel lui donna la main, et à force de pousser, de presser la foule, de se glisser dans les intervalles, ils parvinrent jusqu'à la fenêtre, Morbel ayant son chapeau brisé, et la dame après avoir perdu un assez beau schall de cachemire ; encore s'estima-t-elle heureuse d'en être quitte à si bon marché. On était au rez-de-chaussée, il fut facile de descendre dans le jardin. La lune brillait au ciel, la nuit était calme, le vent se reposait, et la tranquillité de la nature contrastait bien vivement avec le tumulte effroyable de l'intérieur de l'hôtel.

Madame de Sédenart s'assit sur un

banc de marbre auprès d'une statue de l'Amour.

« Qu'on est bien dans ce lieu ! dit-elle ; le repos est vraiment ce qu'il y a de plus délicieux au monde.

» — Aussi, répondit Morbel, est-ce là ce qui est le plus rare. Où le trouve-t-on, le parfait repos ? Les membres fatigués le goûtent, et pendant ce temps l'ame est vivement agitée.

» — Oh ! ce double repos, répliqua la dame avec un pénible sourire, je ne m'en occupe pas, car je ne l'obtiens jamais.

» — Et vous n'êtes pas la seule qui ne puissiez les réunir ; il y a trop de causes qui en éloignent les hommes. »

Plusieurs personnes s'approchèrent, mais ne s'arrêtèrent pas.

« Les connaissez-vous ? dit Morbel.

» — Je sais mon Paris par cœur; les deux premiers sont des nôtres; on les reçut congréganistes avant-hier.

» — Et voilà pourquoi la dame est ce soir à demi-nue.

» — Qu'importe? elle a entendu ce matin la messe, et demain elle ira au salut.

» — Ceux-ci?

» — Je les surveille; on les soupçonne d'avoir fait partie du rassemblement réuni dans le souterrain du palais des Thermes.

» — Savez-vous que vous avez fait merveille dans cette circonstance?

» — Oui, l'on a été passablement satisfait de moi.

» — Silence, on vient à nous.

» — Non, il passe sans nous voir; n'est-ce pas Framond?

» — En propre original.

» — Que je le hais !

» — Je m'en suis aperçue ; quant au motif, je l'ignore. Que vous a-t-il fait ? où l'avez-vous rencontré sur votre passage ?

» — Personne ne le saura ; mais je ne serai vengé que lorsque je l'aurai rendu le plus malheureux des hommes ; et certes, je suis en beau chemin pour y parvenir.

» — Il est utile.

» — Oui, très-utile.

» — Il a dénoncé le jeune sous-officier !...

» — Oh ! c'est là son meilleur ouvrage ; c'est de-là que j'espère son éternelle damnation. »

La figure de Morbel, lorsqu'il prononça ces paroles, prit une teinte de férocité si effrayante, que madame de Sédenart en fut presque épouvantée.

« Rentrons, dit-elle, l'air est bien frais.

» — Seriez-vous incommodée? voici de très-bon éther. »

Et il tira de la poche de côté de son habit un flacon qu'il offrit à la dame.

« Un peu de chaleur me remettra. »

Ils partirent ensemble, et environ deux minutes après qu'ils se furent éloignés, Framond, qui errait dans le jardin, vint par hasard s'asseoir à la même place. D'importunes idées le poursuivaient; il cherchait à les éviter, et ses efforts étaient infructueux. Sa jeunesse, sa virilité, les approches de la décrépitude, tout se présentait à lui sous les couleurs les plus défavorables.

« D'où suis-je parti? se disait-il, et quelle route ai-je parcourue?»

Et le rouge de la honte couvrait ses joues, tandis qu'il entamait ce pénible examen. Il se remua sur le siége de marbre, et sa main brûlante, s'y appliquant machinalement comme pour se rafraîchir, se posa sur un papier. Le contact de ce corps étranger tira Framond de sa rêverie. Il prit la lettre, car c'en était une, et à la clarté que la lune projetait sur lui, il essaya d'en lire l'adresse. De quel terrible saisissement ne fut-il pas surpris à l'aspect du nom qu'il déchiffrait avec peine! Il poussa un cri d'horreur, courut rapidement vers un if garni de lampions qui brûlaient à quelque distance, et là il se convainquit qu'il ne se trompait pas.

Un gouffre ouvert devant lui par les

secousses d'un tremblement de terre, ne l'eût pas autant effrayé; sa bouche demeurait entr'ouverte, on eût dit qu'elle n'osait prononcer ce funeste nom. Cet état de stupeur se prolongea; enfin Framond, cherchant à le surmonter, n'hésita pas à ouvrir la lettre, et ce qu'il trouva dans l'intérieur acheva de lui prouver que Marguerite ne s'était pas trompée, et que ce qu'il avait qualifié de vision était une fatale réalité.

Mais tout en acquérant la certitude de l'existence d'un personnage dont il avait tant à redouter le courroux, de sa présence dans Paris et même dans cette fête, il ne pouvait se flatter de le deviner parmi quatre ou cinq cents hommes qui erraient autour de lui. Il lui fut néanmoins impossible de rester plus long-temps en ce lieu; il s'en éloigna, et revint chez lui avant minuit. Il jeta un regard vers les croisées de son appartement, et remarqua qu'elles étaient encore éclairées.

« Marguerite veille, se dit-il, et la pauvre Geneviève souffre sans doute. Ah! je n'eusse jamais pu croire qu'il entrât tant d'amour dans le cœur d'une jeune fille! »

Framond, en entrant, trouva Marguerite assise sur le sofa, et tenant sur ses genoux Geneviève à demi-renversée; une fièvre ardente éclatait sur les traits amaigris de celle-ci, et toutes les deux se levèrent à l'approche du nouveau venu. Il allait les questionner sur le degré de souffrance que sa fille éprouvait, lorsque Marguerite, prenant la parole, lui demanda quel accident avait ainsi décomposé sa figure.

« Tiens, lui dit-il, voilà la cause du trouble qui m'oppresse; il n'y a pas pour moi une minute d'allégement. »

Marguerite pâlit au nom qu'elle lut; elle voulut aussi parcourir rapidement l'intérieur de la lettre. Cela fait, elle la rendit, leva les épaules en disant :

« Il ne manquait plus que ceci pour nous achever. »

Et en même temps, ayant embrassé sa fille, elle lui mouilla le visage de ses larmes.

« Pauvre enfant, poursuivit-elle, tu as bien aussi ta part de malheurs. Oh! Framond, vois son état, songe que chaque jour elle descend vers la tombe, et que tu peux néanmoins la sauver. »

Framond devina ce qu'on voulait

lui dire, et prit son flambeau comme pour se retirer.

« Où vas-tu? lui dit Marguerite en le retenant par le bras, ne m'entends-tu pas, ou plutôt ne veux-tu pas me comprendre? Regarde Geneviève, considère comme le chagrin nous l'a faite; elle se meurt parce qu'elle aime Rémond; n'as-tu jamais su ce que c'est que l'amour? »

Les sanglots de Geneviève se mêlèrent aux paroles de sa mère, mais la jeune fille ne parla point.

« Tu as du crédit, Framond, tu as tant fait *pour eux* qu'ils pourraient bien faire quelque chose pour toi. Quelles sont tes idées relativement à l'avenir? Te flattes-tu de choisir pour elle un époux au-dessus de la condition où la fortune nous a fait descendre? Ne dois-tu pas renoncer à ces choses dont tu t'es volontairement séparé? Elle aime un homme d'honneur, un franc militaire, que les plus infâmes provocations (Framond trembla) ont placé dans une fâcheuse position; n'y a-t-il aucun moyen de lui conserver la vie? Geneviève ne craindra pas alors de partager son infortune, elle trouvera de la force dans son ame, et encore quelque bonheur. »

Geneviève, toujours muette, tomba aux genoux de son père; Framond la releva promptement, l'embrassa et sortit de la chambre. Il se sentait incapable de répondre, et ne voulait pas avouer la triste vérité. Il s'enferma dans son cabinet, et ayant regardé dans la boîte où l'on jetait les papiers qu'on lui adressait, il y trouva l'ordonnance du tribunal qui l'assignait à comparaître en témoignage dans le procès de la conspiration. Ceci devint un nouveau coup de foudre pour Framond, et la nuit qu'il passa fut horrible.

Marguerite et Geneviève ne purent non plus trouver le sommeil; la première avait les angoisses de sa propre inquiétude, et plus encore celles occasionées par la douleur de sa fille. Elle frémissait à la pensée de la catastrophe que pouvait amener la sensibilité toujours croissante de Geneviève; elle redoutait aussi la vengeance et les persécutions d'un homme qui avait de justes droits à les punir.

Geneviève, accablée par son amour, par la rigueur de son père et surtout par la position de son amant, ne voyait devant elle qu'un sanglant avenir; elle allait presque chaque jour passer quelques heures avec lui, et loin de puiser des consolations dans ces entrevues réitérées, elle en revenait constamment plus abattue; ni la tendresse de Rémond, ni la pitié de Zoé n'y apportaient le plus léger soulagement. Rémond était sous le glaive de la loi, rien ne devait l'y soustraire, et elle se défiait trop de sa destinée pour oser se flatter de voir s'adoucir celle à laquelle sa propre vie était attachée.

CHAPITRE XLVII.

LE TRIBUNAL.

*

. . . . Sa justice formidable
Ne se laisse point prévenir,
Et n'en est pas moins redoutable,
Pour être tardive à punir.
J.-B. Rousseau.

*

« Rémond, lis le billet doux que le eôlier vient de me remettre pendant ue tu reposais ; l'invitation est pres-ante, je ne crois pas que nous devions ous refuser à l'accepter. »

Rémond prit le papier, sans y jeter es yeux, le posa sur une table en contenant un soupir qui échappait de ses lèvres.

« C'est donc demain !

» — Oui, demain notre affaire sera faite ; on ne nous manquera pas.

» — Pourquoi désespérer de la justice des hommes ? Nous crois-tu condamnés à l'avance ?

» — Tu l'as dit, mon ami, les juges ne feront qu'appliquer la sentence que nous-mêmes avons imprudemment portée contre nous. *Seront punis de mort ceux qui auront voulu changer la forme du gouvernement ou exciter les citoyens à s'armer contre l'autorité royale....*

» — Tu es habile en procédure cri minelle.

» — Je m'en suis occupé depuis qu j'y ai pris un intérêt si direct ; d'ailleu ceux qu'on nous a permis de voir da nos promenades du préau, ont eu grand soin de me faire connaître ce qui me touchait d'aussi près. »

Henri ne répondit pas, il s'assit sur le pied de son lit, et se mit à jouer avec le terrible mandat; Molin se promenait dans sa chambre, c'était assez son habitude; tout-à-coup Henri, sortant de sa rêverie, lui demanda si Théodorine devait venir ce jour-là même.

« Non, je ne la verrai pas, et tu ne verras pas ta maîtresse; on ne juge point convenable de nous accorder aujourd'hui ce bonheur; on croit qu'il nous faut toute notre attention pour nous préparer au jour de demain.

» — Pauvre Geneviève !

» — Oui, elle est à plaindre, la douleur la tuera.

» — Oh ! mon ami, pourquoi me tenir ce langage ? tu es devant moi comme un vrai démon. » L'accent de Henri fut toucher au cœur de Molin, celui-ci se précipita dans ses bras.

« Cher Henri, lui dit-il, pardonne à ma cruauté ; mais j'ai perdu toute espérance ; je me regarde comme n'appartenant plus à cette terre, et j'ai déjà pris à l'avance l'impassibilité d'un habitant de l'autre monde ; il est désagréable pourtant de quitter celui-ci, où il y a tant de plaisirs et de si jolies filles. »

Le silence régna de nouveau ; il fut interrompu peu après par la venue des deux défenseurs. Ils cherchèrent à donner du courage aux deux militaires ; ils les trouvèrent tranquilles et résignés, ne parlant qu'avec modestie de leurs actes de bravoure et de tout ce qui pouvait militer en leur faveur. Un des défenseurs, touché de pitié, leur insinua qu'ils pourraient peut-être nier leur signature, ils s'y refusèrent tous les deux.

« Serval, notre compagnon, était, dirent-ils, le dépositaire de cet acte, nous ne pourrions que le compromettre davantage, si nous employions un tel moyen ; ce que nous avons écrit est écrit, nous ne mentirons pas à la justice. »

Le noble avocat n'insista pas, il avait ici fait plus que sa conscience ne l'avait autorisé, et la grandeur de ces jeunes gens le fit rougir de sa faiblesse, quelque excusable qu'elle parût par son motif.

Après le départ des défenseurs, Molin s'allongea sur son lit, étendant ses bras le long de son corps.

« Que fais-tu là, demanda Rémond?

» Je m'exerce à une position que, bientôt selon toute apparence, je conserverai long-temps ; elle est assez commode, et on ne l'a pas mal choisie. »

Cette folle gaieté attristait Henri, ses pensées à cette heure solennelle étaient d'un ordre plus élevé, et pour la première fois, depuis plusieurs années, il essaya de se rapprocher de la Divinité. Il trouva, dans cette occupation, un calme qu'il ne connaissait pas, et le sommeil par degré descendit sur ses paupières.

Molin se réveilla le premier à l'aube du jour :

« Il dort, dit-il, respectons le repos ; ce sera son dernier peut-être. »

En parlant ainsi, il se leva doucement, et continuant son monologue :

« Molin, mon ami, vous n'aurez jamais joué un rôle plus important devant une aussi nombreuse assemblée ; il n'en sera pas là comme au régiment, où tous les regards étaient pour nos officiers ; je les partagerai avec Rémond, et attendu qu'il est plus beau garçon que moi, un peu de linge blanc sera convenable. »

Et il se mit à faire sa toilette avec autant d'attention que s'il se fût agi de passer la revue de l'inspecteur.

« Diantre ! une tache ! en voilà assez pour aller à la salle de police ! je crois que mon bas est troué ; je ne me présenterai qu'en face. »

Rémond se réveilla, et admira le sang-froid de son camarade ; il voulut l'imiter, et tous les deux se prirent à rire des soins qu'ils se donnaient. Dans ce moment on vint les avertir qu'il fallait se rendre au tribunal ; les gendarmes s'emparèrent de leurs personnes, et se mirent en devoir de les escorter ; ceci fit faire la grimace à Molin.

« Encore, dit-il à voix basse, si c'étaient les nôtres ; mais ceux-là, ah ! c'est insupportable !

» — Tais-toi, lui dit Rémond, nous sommes en position de tout souffrir ; le mieux eût été de ne pas nous laisser prendre. »

Dans le chemin ils portaient çà et là leurs regards, ne cherchant, dans la foule empressée sur leur passage, que les seuls objets qu'ils craignaient de rencontrer ; ils ne les virent pas, et Rémond en fut moins agité. Molin, au détour d'une rue, aperçut Palmyre qui, accompagnée de Malvina, jetait sur eux un sinistre regard : « Tiens, Rémond, dit-il, voilà la cousine de Dernon, la malheureuse a bien travaillé pour nous amener où nous sommes. Petite, lui cria-t-il, il ne fallait pas tant te presser, notre tête ne tombe pas encore. »

Ces mots étonnèrent la populace, et une femme hardie en demanda le sens au sous-officier; il le donna avec malice, et tout aussitôt une huée générale s'éleva contre les filles de joie; elles osèrent essayer d'y répondre; cet acte de résistance augmenta l'indignation du peuple; on se pressa autour d'elles; on les frappa, on les couvrit de boue, on déchira leurs vêtemens, et les affronts dont on les accabla servirent de punition à-leur infâme conduite.

Lorsque les deux amis entrèrent dans la salle d'audience, un murmure consolateur les accueillit; leur jeunesse, leur maintien modeste, la décoration qui parait Henri, et plus encore la conviction où était l'assemblée qu'une provocation odieuse, machinée par de vils intrigans, les avait conduits à ce dernier degré d'infortune, répandaient sur eux un puissant intérêt. Dans ce moment, Molin, ayant examiné la foule, dit entre ses dents :

« Ah ! la voilà ! j'étais bien assuré qu'elle n'aurait pas voulu manquer d'assister à la fête. Que vient-elle faire ici ? elle pleurera ; le diable emporte les femmes ! »

Théodorine, en effet, était parvenue,

à force de persévérance, à pénétrer dans ce lieu; elle avait devancé les plus curieux, souffert toutes les rebuffades, essayé tous les genres de séduction; car, à tout prix, elle voulait, à cette heure terrible, se trouver auprès de son amant. Elle s'était composé un visage immobile, parce qu'elle avait résolu fermement de concentrer dans le fond de son ame toutes ses émotions; elle ne regardait pas Molin, elle se contentait de l'entendre, dans la crainte que l'échange d'un regard, la surprenant à l'improviste, ne détruisît aussitôt tout l'échafaudage de sa stoïcité; mais si en apparence elle était calme, toutes les passions étaient soulevées dans son sein, elle savait que dans cette journée son sort allait se décider en même temps que celui de Molin.

Les deux accusés, environnés d'une foule de gendarmes, conservèrent leur modeste contenance. Ils attendaient avec impatience la venue de ceux de leurs compagnons qu'on avait arrêtés également, et peu après Jubart et Serval arrivèrent auprès d'eux. Un mouvement spontané les jeta dans les bras les uns des autres, et cette marque de leur amitié que leurs gardiens ne comprimèrent pas, émut l'assemblée, et amena quelques larmes dans des yeux qui n'étaient pas accoutumés à en répandre facilement.

« Jubart, dit Molin qui était placé entre lui et Rémond, ceci ne ressemble pas au souper de la cousine ; mais eussions-nous pu croire que cette soirée si joyeuse aurait un pareil résultat ? »

Jubart allait répondre, mais on

commença l'instruction de l'affaire, et il y donna toute son attention. On adressa les questions d'usage à chacun des prévenus; Henri dit son âge, ses nom et prénom, et affirma que Liége était sa patrie. Ses compagnons répondirent conformément, et après la lecture de l'acte d'accusation les débats commencèrent.

« Foin du buveur! murmura Molin, en entendant dire que Serval avait dans un moment d'ivresse laissé échapper le secret de la conspiration; je n'ai jamais eu bonne idée de lui, il ne savait pas supporter la troisième bouteille. »

Athalie fut le premier témoin entendu; ses traits rendus difformes par l'œil qu'on lui avait crevé, sa déposition odieuse puisqu'elle compromettait celui qu'elle avait reçu dans ses bras, firent naître dans toute l'assemblée un sentiment d'indignation contre elle. Tandis qu'elle parlait, un soupir profond vint frapper au fond du cœur de Henri, qui, tout troublé par une douleur nouvelle, porta ses yeux vers le côté d'où ce gémissement était parti. Il crut voir appuyée sur Zoé une jeune fille vêtue de noir, et qui par la pâleur de son visage semblait ne plus appartenir à la terre. Ses yeux fixes et ardens brillaient d'un feu sombre, et on eût dit que toute la vie de cette infortunée s'y était réfugiée. La vue de Geneviève confondue dans la foule, et néanmoins la dominant par sa position sur une forme élevée, produisit sur Rémond l'effet du charme attaché au basilic fabuleux. Il demeura la bouche entr'ouverte, le cou tendu, son regard pareillement attaché sur elle; et dès ce moment, étranger aux débats, il n'y prit plus aucune part; une seule affection concentrait toutes ses pensées.

Il ne fit plus attention aux charges que l'on élevait contre lui; il ne vit pas Athalie se retirer poursuivie par les sarcasmes de Molin qui se trouvait vengé par la laideur de cette créature: « Me voilà tranquille, disait-il; si elle me conduit au supplice, elle mourra du moins à l'hôpital par suite de la cessation de tout commerce. »

Teillon la remplaça. Ici Molin dut observer aux juges combien un tel témoin devait être suspect, principalement à son égard. Il demanda la parole, et, dans un narré rapide, il raconta les diverses circonstances qui avaient mis Rémond et lui en rapport avec le malheureux. Son récit malin et persiffleur, ses expressions pittoresques achevèrent de faire descendre sur le vil agent le mépris et la haine publique ; il ne put toutefois l'empêcher de dégorger son venin ; mais il en eût atténué l'effet si d'autres charges n'eussent pesé sur leurs têtes. Teillon, pendant ce temps, était vraiment le coupable, et la Providence, pour le punir sans doute, éveilla à cette heure le peu d'honorables sentimens qui pouvaient rester dans son ame. Il se leva accablé du poids de sa honte, et dès ce moment, naquit en lui le serpent rongeur appelé le remords. Il voulut l'engourdir, et, pour lui échapper, il se lança dans de tels excès, que plus tard et hors du royaume, il fut chercher la mort la plus douloureuse et la plus infamante.

CHAPITRE XLVIII.

LE COUP DE FOUDRE.

*

D'où vient que je frissonne? et quel est donc mon crime?
Me serais-je mépris au choix de la victime?

CRÉBILLON.

*

THÉODORINE fut sur le point d'applaudir au discours de son amant; elle cherchait dans la salle à donner des amis aux accusés; elle faisait valoir leur jeunesse, leur inexpérience; elle les montrait victimes de provocations punissables, et comme entraînés vers une action criminelle sans doute, mais à laquelle ils n'eussent pas eux-mêmes songé. Ceux à qui elle s'adressait partageaient presque tous son idée, car en France on hait plus que partout ailleurs la perfidie et les traîtres; on aime, on respecte le gouvernement tout en vouant à l'exécration les subalternes qui, les uns après les autres depuis près de quarante ans, ont cru fonder la stabilité des institutions sur de fausses conspirations découvertes, ou qui se sont servis de cet indigne moyen afin d'obtenir de l'or et de hautes récompenses. Ces plaies ont toujours été les plus funestes, elles ont fait périr les innocens, victimes de la séduction, elles sont devenues le marche-pied qu'ont employé l'astuce et le crime pour s'élever.

Cependant les débats se poursuivaient, l'huissier appela le sieur Framond, et tout aussitôt un cri terrible partit de l'intérieur de la salle. Rémond qui l'entendit ne se rappela plus qu'il ne s'appartenait pas, il ne vit que le désespoir de son amie; il frémit lui-même à la vue de la barrière insurmontable que le ciel dans ce moment élevait entre eux deux, et sans calculer les chances de cette circonstance, il se leva de son siége et s'élança pour aller au secours de Geneviève qu'il vit tomber évanouie du haut de la forme où elle était placée. Ce mouvement excita la surveillance de la force-armée, elle se mit en mesure de le maîtriser, et des baïonnettes furent croisées en avant du banc des accusés.

Molin prenant son ami par le milieu du corps : « Insensé, lui dit-il, ne vois-tu pas où nous sommes? Songe que toutes les peines doivent ici nous assaillir, et que nous ne pouvons leur opposer que l'impassible résignation d'une ame ferme et généreuse. »

Rémond, pendant que Molin parlait, était revenu à la juste appréciation de sa position actuelle; il se rassit en se tordant les bras, et lui, qui jusqu'alors avait montré tant de courage, en manqua complètement à l'aspect du désespoir de son amante.

Tandis que ces choses se passaient sur le banc des accusés, la foule avait fait un cercle autour de Geneviève et la contemplait avec attendrissement, renversée sur le pavé de la salle; on ne tarda pas à voler au secours de Zoé, qui, toujours bonne et compatissante, n'avait pas voulu qu'elle vînt seule dans ce lieu terrible. On lui aida à relever cette infortunée, qui, portée sur des bras vigoureux, fut amenée hors du tribunal et ensuite conduite chez elle sans que son amie l'abandonnât. Nous ne décrirons point la douleur de Marguerite; elle ignorait que ce jour fût celui du jugement de Rémond; elle n'avait pu par conséquent soupçonner la démarche de Geneviève, mais à quel degré plus éminent monta son regret, quant Zoé lui eut appris que Framond allait déposer contre le jeune homme!

La séance interrompue par cette scène déchirante reprit son cours; Framond, qui avait aussi reconnu sa fille au cri qu'elle avait poussé était tombé sur son siége, tout consterné d'apprendre qu'elle était présente, et que dès ce moment elle ne pourrait plus le chérir. Il était venu là, désespéré du rôle détestable que les événemens le contraignaient à jouer. Il sentait que la part qu'il y allait prendre le bannirait pour jamais de la société, lorsqu'on saurait dans quel but il s'était mêlé à de ténébreuses machinations. Ne pouvait-il pas retrouver parmi les juges ou parmi les spectateurs, des hommes qui précédemment l'avaient rencontré dans le monde, et sa complète humiliation daterait de ce moment. Enfin à ces causes d'amertume il s'en joignait une secrète dans son ame, à laquelle il ne pouvait assigner un motif connu; la déposition qu'il venait faire le jetait à l'avance dans un trouble inoui; il eût voulu la retarder, s'y refuser même; ses efforts pour s'y soustraire avaient été infructueux. Morbel principalement insista, prétendant que ce qu'il avait à dire formait toute la base de l'affaire. Or Framond dépendait de cet agent qui e poursuivit avec une ténacité saus areille, accompagnant les ordres qu'il ui intimait d'un sourire plein de maice, où un observateur eût pu remaruer quelque chose d'infernal.

Poussé donc par un pouvoir supéieur au sien, et luttant toutefois contre ui-même, cet homme jusqu'alors si isérable chercha à s'étourdir sur les onséquences d'une démarche qui exosait sa turpitude à tous les regards, t en même temps devait retomber ouloureusement sur les affections de a fille. Mais lorsque son nom fut appelé, orsque l'huissier l'eut introduit dans 'enceinte, quand le cri de Geneviève, ui n'avait pas entendu le premier ppel des témoins, eut retenti dans son cœur, lorsqu'il envisagea sa principale victime, tous les serpens endormis momentanément dans son sein se réveillèrent avec une violence extrême.

Il eut besoin de l'interruption qui eut lieu pour raffermir ses sens; il demeurait immobile, le front abaissé sur la terre, écoutant avec d'inexprimables angoisses les murmures de la multitude qui répétait : « C'est la maîtresse de ce beau militaire; elle va mourir pour lui de douleur et d'amour. »

Chaque mot enfonçait davantage le poignard, et la position de Framond était horrible. Deux fois le président le questionna, et deux fois il ne songea pas à lui répondre. On fut obligé de le tirer de cette étonnante rêverie : mais s'il se décida à parler, il ne put le faire que d'une voix si affaiblie, qu'on ne l'entendit que très-imparfaitement. Sa déclaration néanmoins devint fatale au malheureux Henri, puisqu'elle prouva qu'il avait non-seulement signé le pacte coupable, mais encore pris part aux rassemblemens mystérieux qui avaient eu lieu dans les souterrains du vieux palais des Césars.

Ces inculpations, renforcées des aveux de Lachenal qui les avait signés et remis à Framond avant sa mort, achevèrent de faire peser l'évidence de l'accusation sur la tête de Henri, auquel on attribua également une coopération au meurtre de cet agent secret de l'autorité. Rémond ne répliqua rien qui pût servir à diminuer la puissance de toutes ces charges; il ne pensait qu'à Geneviève, il avait acquis la triste assurance qu'elle ne pourrait vivre encore long-temps, et lui, plein d'amour, ne voulait pas rester sans elle sur cette terre qui jusqu'à présent ne l'avait vu que persécuté.

Framond venait d'achever sa déposition ; il avait été reprendre sa place sur le banc des témoins, cherchant à se perdre dans leur nombre et à se dérober aux regards de tous les gens de bien indignés, lorsqu'un gendarme, venant de l'extérieur, fut droit au personnage chargé de remplir les fonctions du ministère public, et lui remit un paquet à son adresse avec les mots *très-pressé*, écrits au-dessus du cachet. Ce personnage l'ouvrit, lut attentivement les pièces qu'il contenait, et, après cette lecture, il fit signe de la main au témoin qui parlait de se taire ; il demanda ensuite au président la parole qui lui fut accordée.

« Second accusé, dit-il, rentrez un instant aux débats ; je reçois sur vous des renseignemens qui nécessitent que l'on vous interroge de nouveau. Comment vous appelez-vous?

» — Henri Rémond.

» — Où êtes-vous né?

» — A Liége.

» — Ne vous trompez-vous pas vous-même en le croyant, ou en ceci voudriez-vous en imposer à la justice? »

Henri alors se troubla, et une soudaine rougeur colora son front; il garda toutefois le silence. Le ministère public, voyant qu'il ne répondait pas, renouvela la question, l'engageant impérativement à s'expliquer sur ce qu'on voulait savoir de lui. Rémond d'une voix incertaine affirma qu'il était Belge de naissance ; mais tout l'auditoire qui l'avait jusqu'alors entendu parler avec l'accent de la conviction, n'hésita pas à reconnaître qu'il ne s'exprimait pas maintenant de même.

L'homme du Roi le regardant avec une douce pitié : « Je sais, dit-il, que le motif qui vous a porté à déguiser votre nom véritable n'a eu rien de criminel, vous avez voulu le laisser perdre à jamais, car on vous l'avait transmis flétri ; aussi n'en tirerai-je aucun avantage contre vous ? Néanmoins je crois devoir, dans l'intérêt de la justice et de la loi, rétablir la vérité. Non, jeune homme, vous ne vous nommez pas Henri Rémond. »

Celui-ci, tandis que le magistrat cherchait dans les papiers, sentit une soudaine pâleur succéder sur son visage à la rougeur qui le couvrait auparavant. Toute l'assemblée, par un redoublement d'attention et par des invitations réitérées de faire silence, témoigna l'effet que produisait sur elle ce nouvel incident. Framond comme les autres sentit s'éveiller sa curiosité, et une douleur aiguë commença à naître dans son cœur. Le magistrat, ayant rencontré la pièce qu'il cherchait, la prit dans ses mains, et élevant la voix :

« Il résulte et il est constant, d'après les documens que viennent de me faire remettre les diverses autorités compétentes, que le prévenu se disant Henri Rémond, natif de Liége en Belgique, et sous-officier dans les armées françaises depuis 1810, en a imposé à la société, en prenant un nom qui ne lui appartenait pas. Il est Français d'origine; la Provence est sa patrie, Marseille l'a vu naître; son prénom est Valérien, et il est fils de M. de Samerval, vicomte de Narvières. Les fautes de son père lui ayant été reprochées par ses camarades au collége de Sorèze, où il était pour son éducation, ce jeune homme en conçut un si violent chagrin, que sa douleur bien légitime lui inspira une résolution désespérée. Il s'évada de la maison où ses parens l'avaient placé, et fut s'enrôler dans un régiment qui se trouvait alors dans le nord du royaume. Il se couvrit de gloire en plusieurs rencontres; il mérita l'étoile de l'honneur, et jusqu'à ces derniers momens sa conduite a été irréprochable. Il commit il est vrai une faute lorsqu'il emprunta un autre nom, mais du moins on peut dire que le motif qui l'a conduit à manquer aux lois dans cette circonstance, a son excuse, et à Dieu ne plaise que nous en fassions un nouveau grief contre lui! »

Lorsque Framond eut entendu cette révélation, ceux qui étaient près de lui, malgré toute l'attention qu'ils portaient aux magistrats, ne purent s'empêcher de remarquer le tremblement convulsif dont il fut saisi, et la décomposition complète qui se fit de tous les traits de son visage; ils se contractèrent d'une manière horrible, et quand il releva la tête il était affreux à voir; ses yeux sortaient de leur orbite, une écume sanglante s'échappait de sa bouche, et le sang jaillit des déchirures que ses mains crispées firent à son flanc. Il quitta son siége sans parler, et nul ne songea à sa fuite, tant ceux à qui leur devoir ordonnait de retenir les témoins reconnurent que cet homme était en proie à quelque douleur extraordinaire. Il sortit de la salle et descendit avec rapidité les escaliers du Palais : sa course ne se ralentit pas lorsqu'il se trouva dans la rue; parvenu sur un pont voisin, il monta sur un parapet, et toujours sans proférer une parole il se laissa tomber dans la rivière.... Il venait de faire condamner son fils!!

Une pareille action commise en plein jour et aux yeux de toute une population, amena bientôt sur les deux rives de la Seine une foule nombreuse. Les bateliers, instruits de ce qui se passait, s'empressèrent de lancer leurs nacelles et de voguer au secours de cet infortuné : deux ou trois fois il revint sur l'eau et la teignit des blessures qu'il s'était faites; mais il n'essaya pas de se soutenir comme le font machinalement tous ceux qui, poussés par un désespoir quelconque, ont voulu braver la volonté de la Providence, en hâtant l'heure de leur destruction. Ses membres étaient roidis, la vie déjà lui était enlevée, et les efforts qu'on fit pour retrouver son corps furent sans succès pendant quelques jours.

Jusqu'à ce moment la destinée de Framond resta complètement ignorée, et lorsque les hommes la connurent enfin, il ne restait plus que Marguerite pour la pleurer, et celle-ci ne révéla jamais la vérité tout entière.

CHAPITRE XLIX.

L'HÉROÏSME.

*

Pétus, cela ne fait point de mal.

*

« TOUT est consommé, » se dit Molin, lorsqu'il entra dans la nouvelle prison où on l'amena, et où seul, et livré à ses réflexions, il devait demeurer jusqu'au moment où la loi ordonnerait la cessation de sa vie. « Oui, tout est consommé; il eût mieux valu finir sur un champ de bataille, mais attendu qu'on ne se bat plus, il y aurait de la difficulté à terminer de cette manière. Et mon père, qui m'a si souvent tourmenté pour me contraindre d'apprendre à écrire; j'avais bon nez, vraiment, lorsque je voulais persévérer dans mon ignorance. Quoi! pour une signature! Allons, allons, n'y pensons plus, et dormons si je peux le faire. »

Il se jeta tout habillé sur le lit qu'on lui avait préparé, et ne tarda pas en effet à dormir d'un profond sommeil. En même temps, Théodorine, qui avait entendu prononcer le terrible arrêt, fit, dans ce moment affreux, un dernier appel à toute son énergie; des pleurs, de la faiblesse, pensait-elle, ne servent à rien; on peut s'affliger lorsqu'il n'y a plus rien à faire, mais non quand l'ouvrage n'est pas encore achevé. Elle se retira à pas lents, et elle fut se placer sur le grand escalier, d'où elle jeta en passant un regard sur Molin que l'on ramenait. Il posa en la voyant sa main sur son cœur; Théodorine répondit à ce geste, et cet échange mutuel de leur tendresse fut pour eux une sorte de consolation.

Tandis que la foule s'écoulait, Théodorine, assise sur les dernières marches de l'escalier, cherchait dans sa tête les moyens qu'elle devrait employer afin de parvenir jusqu'à son amant. Elle sentait combien on éloignerait de lui une créature de sa profession, et néanmoins il lui était impossible de mourir sans l'avoir revu. Elle s'abandonnait à ses réflexions au moment où M. de Clénord, que le lecteur se rappellera peut-être, descendait aussi les degrés; il avait voulu assister au jugement, et pour se faire donner une meilleure place, il s'était revêtu de son costume. L'aspect de ce personnage frappa Théodorine, et lui inspira une subite pensée, dont elle crut pouvoir tirer un parti merveilleux.

S'approchant de Clénord, elle n'hésita pas à lui prendre la main et à le conjurer de vouloir lui accorder une minute d'audience. La chaleur qui embrasait alors le sang de Théodorine donnait à ses traits un éclat extraordinaire; ses grands yeux bleus lançaient pareillement des flammes; elle était belle, et la douleur lui procurait des charmes encore plus puissans. Clénord, comme Tartufe, était dévot et n'en était pas moins homme; l'aspect de celle qui le sollicitait le toucha d'abord, et il se dirigea vers le passage de la Sainte-Chapelle.

« Que me voulez-vous, mon enfant? dit-il ; peut-être eût-il été plus convenable que vous fussiez venue chez moi, là vous eussiez pu vous expliquer à votre aise.

» — Oh ! Monsieur, répondit Théodorine, qui, devinant au premier mot ce qu'elle avait à faire, connut les moyens dont elle devait se servir pour arriver à son but, ce qui est différé n'est pas perdu, et je me vois bien dans la nécessité de vous faire plus d'une visite; mais à présent je ne le pourrais, le temps me presse, et je suis une fille perdue si vous ne m'accordez pas votre protection.

» — Encore faut-il que je sache de quoi il s'agit, et si c'est pour une bonne œuvre, ne doutez pas que je ne m'intéresse à votre prière.

» — Vous m'avez inspiré une entière confiance, reprit Théodorine ; je me suis dit, en vous voyant, que vous deviez avoir un bon cœur, et que l'on ne risquait rien à vous confier sa peine. On vient de condamner quatre sous-officiers, l'un d'eux....

» — Mon enfant, interrompit Clénord, ne me parlez pas de ces insensés ; ils prétendaient renverser notre bon Roi et la sainte Eglise ! L'indulgence ici serait coupable, leur mort est juste, et l'on ne peut leur conserver la vie.

» — Je ne vous demande pas celle de mon amant ; je ne m'abaisserai pas à des supplications inutiles, mais en terminant ses jours il emporte mon honneur. Il m'a promis de m'épouser; je veux le voir pour lui rappeler sa promesse, et m'unir à lui en face de l'Église, afin de sanctifier notre erreur.

» — Vous avez là une pieuse idée, dit Clénord ; je l'approuve, et je vous servirai de mon mieux. Mais il faudra que demain vous veniez me trouver.

» — Demain, Monsieur, est bien loin pour vous ; et il est bien près pour un homme dont les derniers instans sont comptés. Mon amant ne désire que d'être mon époux avant de mourir, et si vous avez du crédit, il est important que vous l'employiez pour moi, sans plus attendre. Ah! mon digne protecteur! si je deviens sa femme, quelle reconnaissance je garderai pour vous dans mon cœur!

» — Nous en causerons à loisir après le moment funeste; maintenant que puis-je faire pour vous?

» — Je vous le répète, agir, afin

qu'on m'ouvre les portes de sa prison.

» — Cela ne me sera pas bien difficile ; mais plus tard vous viendrez me voir.

» — Oui, je vous reverrai, et peut-être alors ne vous soucierez-vous pas de ma vue.

» — Une jolie femme ne déplaît jamais. »

Théodorine ne répliqua pas ; mais, remplie d'impatience, elle prit de nouveau Clénord par la main, et le poussa en avant comme pour l'engager à ne pas retarder de faire les démarches qui devaient combler ses désirs. Ce personnage possédait un crédit que la pauvre infortunée ne soupçonnait pas ; elle croyait aller avec lui vers la préfecture de police ; lui, au contraire, se dirigea droit à la prison. Il y entra en se nommant, et introduisit Théodorine; puis la laissant dans le greffe, il passa chez celui qui était chargé de la surveillance de cette triste demeure. Il eut avec lui un moment de conversation, et en obtint sans peine la permission que Théodorine souhaitait avec tant d'ardeur, celle de descendre dans le cachot où Molin était renfermé. Cela fait, il s'éloigna d'elle, lui laissant son adresse, et ayant de nouveau obtenu d'elle la promesse de ne pas le négliger.

Le cœur de Théodorine battait peut-être, mais sa marche n'en était pas moins ferme. Ceux qui n'eussent pas connu les motifs de sa douleur, ne se seraient pas doutés qu'une des plus violentes, puisqu'elle était sans espérance, régnait dans son cœur. Sa contenance n'était point différente de celle d'une femme placée dans une des positions ordinaires de la vie; aussi le gardien qui la conduisait, et qui examina son visage à plusieurs reprises, demeura-t-il surpris d'une impassibilité que n'apportaient jamais dans ce lieu ceux qui venaient y visiter les malheureux atteints par la justice humaine.

La porte du cachot fut ouverte : « Entrez, dit le porte-clefs, vous pouvez rester là une heure, et au bout de ce temps je viendrai vous chercher; je vous ai assez vue maintenant pour ne pas me tromper, et je ne prendrai pas l'un pour l'autre. »

Théodorine le regarda avec mépris, un sourire ironique erra sur ses lèvres, et elle se précipita dans la sombre demeure. Une lampe l'éclairait; Molin dormait encore. Son amante s'approcha de lui : « Le réveillerai-je? se dit-elle ; eh! pourquoi? il est heureux, ne lui envions pas son dernier bonheur. » Elle s'assit en silence sur l'unique chaise qu'elle trouva, et elle attendit. Là elle fit un retour sur sa vie, elle s'en rappela les divers événemens; elle se revit à cet âge d'innocence où un monstre, sous les habits d'une femme, avait égaré sa raison et flétri son cœur; elle parcourut la route que les passions lui avaient fait prendre, elle reconnut par quels longs détours elles l'avaient amenée à l'heure de sa punition.

« Oui, murmurait-elle à demi-voix, le sang versé demande du sang; il y a véritablement une puissance qui ne laisse impunie aucune mauvaise action, qui frappe du glaive ceux qui ont frappé du glaive, qui renverse ceux qui ont renversé. J'ai pu me soustraire à la justice terrestre, mais la sienne, ai-je pu l'éviter? Eh bien! je suis ici pour m'y soumettre; me pardonnera-t-elle lorsque je l'aurai satisfaite?

» — Théodorine! Théodorine! s'écria vivement Molin, qui, par les efforts qu'il fit en ce moment, s'arracha lui-même aux paisibles douceurs du repos qu'il goûtait.

» — Me voici, Molin, répondit-elle en s'approchant de lui; pouvais-tu croire que je manquerais à ma promesse?

» — C'est toi! dit-il encore avec plus de véhémence, c'est toi!... Ah! je t'appelais en vain dans mon rêve; il me semblait que tu m'avais complètement abandonné.

» — Tu vois que non.

» — Oui, je m'aperçois que ta parole n'était pas vaine; tu vaux mieux que je ne le croyais. En général (poursuivit-il en se penchant à son oreille, et en riant) je ne compte pas beaucoup sur les engagemens pris par ton sexe.

» — C'est à charge de revanche. Mon sexe est bien payé pour douter de la fidélité du tien.

» — Allons, allons, mon amie, nous n'avons pas le temps de rajeunir de vieilles plaisanteries. Sais-tu que ma régénération commence? car je me sens grave comme un nouveau sous-lieutenant sorti de l'école, lorsqu'il monte sa première garde. Oh! que j'ai d'actions de grâce à te rendre pour être venue me consoler dans ce dernier et solennel moment! Je n'ai ni père ni mère; mes compagnons vont périr avec moi. Qui donc verserait quelques larmes sur ma tombe?

» — Je ne sais; mais ne compte pas sur Théodorine, elle ne s'acquittera pas de ce soin. »

Molin ne parut pas surpris de cette réponse. Un regard de la jeune fille lui en avait donné l'explication. Il se tut, et se mit à jouer avec les tresses blondes de la chevelure de sa maîtresse. Bientôt après il posa un baiser sur son front; elle le lui rendit, et leurs ames se confondirent.

« Oh! quel hymen! dit le militaire.

» — Pourquoi le déplorer? répliqua Théodorine, n'aboutit-il pas à la mort comme les autres? Montre-moi un seul cas dans lequel la condition de l'homme soit meilleure.

» — Je sais bien que le même sort leur est réservé ; mais toi, jeune et belle, tu pourrais être heureuse.

» — Dans la fange on ne jouit ni de la jeunesse, ni de la beauté ; et quant au bonheur, je n'en réclame point ma part, je ne la trouverais pas sur la terre.

» — J'espérais pourtant te l'offrir, car comment as-tu pu faire, Théodorine, pour me forcer à t'aimer ?

» — Je t'ai aimé, Molin, je t'ai aimé avec toute la puissance de mon ame, avec cet enchaînement, cette franchise qui ennoblit, épure et répare tout. J'ai pris une nouvelle vie en connaissant un véritable amour, et je l'ai connu dans quelques heures, parce qu'il ne peut naître du temps, qu'il est un éclair rapide, et qu'il ne lui faut qu'une seconde pour incendier à jamais un cœur.

» — Qui le croirait pourtant de toi? Lancée....... » Il hésita et ne continua point.

« Au milieu du vice, dans les horreurs de la débauche. J'achève la phrase, car je lis au fond de ta pensée. Oui, tu as raison de le dire. J'étais une femme perdue, le rebut de la société. Je me traînais dans mon infamie. Mais sais-tu qui m'y avait poussée? Un homme, Molin, et non pas mes propres penchans; un misérable qui, profitant de ma faiblesse et de la véhémence de mes sensations, m'a souillée, m'a pervertie, et qui sera comptable de tout le mal que j'ai fait. »

Théodorine, en prononçant ces mots, s'était à demi-levée du lit sur lequel elle était couchée. Elle étendait ses mains vers le ciel comme pour rendre témoignage qu'elle accuserait au grand jour son corrupteur, et plus Molin l'entendait, plus il admirait l'énergie renfermée dans ce faible corps. De nouvelles caresses qu'il lui prodigua la convainquirent qu'il ne doutait pas de ses paroles ; elle en reçut un adoucissement au désespoir enfoncé dans son cœur.

« Oh ! mon ami, lui dit-elle, comment aurais-je pu mourir, si je ne me fusse pas réunie à toi ! »

Alors elle conta de quelle manière elle avait trompé Clénord, et l'espérance coupable qu'elle avait donnée à cet homme pervers. Ici la force du caractère l'emporta chez Molin sur toute autre considération ; il laissa échapper un éclat de rire.

« Le vieil hypocrite, dit-il, qui veut me faire affront après ma mort ! cela ne sera pas, j'espère. Mais non, poursuivit-il en se reprenant, ce serait affreux à moi que de t'empêcher de le récompenser de son service ; je lui dois aussi de la reconnaissance. Ne m'a-t-il pas procuré mon dernier bonheur ? »

Théodorine le regarda de nouveau, et lui demanda s'il savait l'heure qu'il était alors.

« Ma montre me reste, lui répondit-il, elle nous le dira. »

Tous deux la regardèrent.

« Il y a quarante minutes que je suis ici, observa Théodorine, et dans vingt on viendra me chercher.

» — Quoi! aussitôt? dit Molin.

» — Voilà pourquoi il faut prévenir leur retour. »

Molin dans ce moment ouvrit sa montre, et en prit la clef dans sa main.

« Que vas-tu faire? lui dit sa maîtresse?

» — La monter, sans cela avant peu elle serait arrêtée.

» — En auras-tu besoin désormais? et veux-tu attendre qu'ils viennent?

» — Ah! rusée, tu penses à tout, répliqua le sous-officier. En effet, à quoi bon toucher à cette machine, lorsqu'il en est une autre plus importante dont avant peu on arrêtera violemment les ressorts?

» — Ne vaudrait-il pas mieux les briser soi-même? demanda Théodorine en courbant sa tête et en baissant la voix.

» — Tu arrives à mon idée ; il me serait affreux de sortir vivant de cette prison. Mais quel secours trouver? on est ici ingénieux à nous conserver ce que plus tard on nous ôte ; il n'y a rien qui puisse me servir, et maintenant je paierais de tout ce que je possède, une arme à feu, un simple morceau de fer.

» — J'ai prévenu tes désirs, ajouta Théodorine en versant quelques larmes ; tiens, voici ce que j'ai apporté pour toi. »

A ces mots elle dénoua le cordon qui retenait son immense chevelure : celle-ci descendit à flots sur ses épaules, et un stylet d'un fin acier et aigu, qui était caché sous ses tresses, tomba sur le plancher et s'enfonça par la pointe.

« Ah! le joli morceau, s'écria Molin en se baissant avec vivacité pour le ramasser; c'est là un présent dont j'apprécie toute la valeur, et dès que tu seras sortie j'en ferai l'usage convenable. Embrasse-moi, Théodorine, tu as fait pour ton amant tout ce que tu pouvais faire; tu es bonne fille et tu sais bien aimer. »

Théodorine se jeta dans ses bras et le baigna de ses larmes; il crut qu'elle lui faisait ses adieux, et tout en l'embrassant il la conduisit vers la porte; mais elle comprit son intention, et loin de s'y prêter, elle le retint doucement, et se dégagea de ses caresses.

« Je ne sors pas, dit-elle.

» — On va venir te chercher.

» — Oh! lorsqu'on viendra je n'y serai point pour leur répondre.

» — Théodorine, que dis-tu?

» — Et toi, Molin, que penses-tu? ne t'ai-je pas annoncé que nos liens étaient indissolubles? Ma vie passée n'était-elle pas une flétrissure à ton amour? Il faut qu'il se purifie, et le sang, tu le sais, lave toutes les impuretés.

» — Je ne consentirai jamais, répliqua Molin, à une pareille folie. A peine as-tu vingt ans, tu n'es pas sous la rigueur d'un jugement irrévocable; pourquoi veux-tu donc mourir?

» — Crois-tu qu'il n'y ait de dignes de la mort que ceux qui sont condamnés? Le glaive de la justice n'atteint pas tous les coupables, et ceux-ci ne doivent pas négliger d'expier eux-mêmes le mal qu'ils ont commis.

» — Ce sont de vaines paroles, et tu

n'obtiendras point mon acquiescement à ce désir : d'ailleurs, je te l'ai déjà dit, si tu ne restes pas après moi, qui veux-tu qui me pleure ? »

Théodorine, trop oppressée pour lui répondre, garda un moment le silence ; elle parut combattue par mille sentimens opposés. Molin crut avoir obtenu la victoire, et il se rapprocha d'elle pour la conduire de nouveau vers la porte : tout-à-coup Théodorine poussant un cri aigu :

« Ce sont eux ; les entends-tu ? ils viennent donc, mon ami ? » Et en même temps, par un geste rapide et inattendu, elle arracha le stylet de la main de son amant, s'en frappa deux fois avec force, puis le lui rendant : « Il ne m'a point fait de mal, » essaya-t-elle de lui dire avec un sourire qu'elle ne put achever; car elle tomba privée de vie.

« Elle eût toujours fait un fier sergent-major, dit le sous-officier en la regardant; puis se penchant vers elle : « Théodorine, attends-moi, dit-il, nous partirons ensemble; » et tandis que le fer parvenait à son cœur, il s'écria : « Bonsoir, la compagnie. »

CHAPITRE L.

LA CATASTROPHE.

*

Le crime fait la honte, et non pas l'échafaud.
THOMAS CORNEILLE, *Comte d'Essex*, *act.* IV, *sc.* 3.

*

Au coup affreux qui avait frappé Geneviève lorsqu'elle avait vu son père s'avancer pour accuser son amant, il s'en joignit de bien plus cruels encore: l'arrêt fatal qui condamnait Rémond, et l'absence prolongée du misérable auteur de ses jours. Elle crut d'abord, la pauvre enfant, que Framond n'osait point paraître devant elle, et que pour quelques jours il éviterait sa présence. Mais les inquiétudes de Marguerite ne tardèrent pas à lui prouver que le malheur l'avait encore atteinte dans cette dernière circonstance; ses efforts pour quitter son lit furent d'abord inutiles; sa faiblesse la trahit, et le vieux docteur que l'on appela n'espéra guère pouvoir parvenir à la retenir sur la terre.

Cependant l'amitié de Zoé ne se ralentissait pas, elle passait auprès du lit de Geneviève tout le temps qu'elle pouvait dérober à ses devoirs. Elle y remplissait les fonctions du plus sincère attachement, et par les douces vertus qu'elle déploya dans cette circonstance, elle se rendit digne du bonheur que le ciel lui accorda dans la suite. L'accablement et la force d'une potion calmante avaient jeté enfin Geneviève dans un engourdissement qu'on pouvait croire du repos ; elle n'était pas privée de l'usage de ses sens, mais elle restait immobile, ses yeux étaient fermés, elle ne remuait pas, et toutes les apparences annonçaient qu'elle était livrée au sommeil. Sur ces entrefaites Zoé entra ; Marguerite lui ayant fait signe de marcher doucement, elle s'avança sur la pointe du pied, examina son amie, fut trompée comme Marguerite, et alors, d'une voix basse mais distincte, elle s'adressa à celle-ci :

« Je viens d'apprendre une particularité bien singulière, Madame ; ce malheureux jeune homme tant regretté par tout le monde, avait fait le contraire de ce que font les hommes en général; ceux-ci cherchent toujours à se relever aux yeux de leurs semblables, à contenter leur orgueil aux dépens de la vérité, et Rémond, par une conduite opposée, nous avait caché sa naissance et son véritable nom.

» — Doù le savez-vous? dit Marguerite; n'est-ce pas un conte fait à plaisir, dans le but d'attirer sur lui un plus vif intérêt?

» — Non, reprit Zoé, c'est en pleine audience, c'est par les titres mêmes que le procureur du Roi a lus au public, qu'on a su quel était ce jeune homme : il est né en Provence, à Marseille; Samerval est son nom, et son père était le vicomte de Narvières. »

Marguerite, lorsqu'elle entendit ces dernières paroles, laissa éclater les marques d'une vive surprise et d'une grande horreur. Elle prit les mains de Zoé :

« Que me dites-vous là! ne savez-vous point que vous me portez le plus funeste coup. Ah! je ne suis plus en peine de la destinée de Framond; assassin de cet infortuné jeune homme, il n'aura pu supporter la vie, et sans doute qu'il n'a pas tardé à s'en délivrer. Oh! Zoé, je devrais peut-être vous cacher ce funeste secret; je suis incapable d'un tel effort, il me faut quelqu'un qui puisse pleurer avec moi. Framond, ce misérable, était le père de Henri, et Geneviève, par son père, était également sa sœur. »

Zoé poussa un cri; elle jeta en même temps et par hasard les yeux sur Geneviève; elle vit celle-ci baignée de larmes et le visage enflammé, se soulever lentement sur sa couche; elle courut à elle. Marguerite, attérée par cette affreuse révélation, ne put en faire autant; elle demeura immobile sur son siége.

« J'ai tout entendu, dit Geneviève d'une voix affaiblie, je dois donc mourir de mille morts! Ah! du moins, si mon cœur fut coupable, je n'ai à rougir que de ce sentiment, et je périrai avec toute mon innocence. Rémond, oh! mon frère! ne te verrai-je plus? »

Elle retomba sur son lit, et un profond évanouissement la priva du sentiment de ses vives douleurs. Lorsqu'elle en revint, elle prit la main de Zoé.

« Mon amie, lui dit-elle, j'ai besoin aujourd'hui d'une consolation que je me suis trop long-temps refusée; je voudrais déposer mes troubles intérieurs dans le sein d'un ministre de l'Église, et revenir à cette religion dont je me suis éloignée par négligence, et que néanmoins je n'ai jamais reniée; procure-moi l'accomplissement de ce désir. »

Marguerite, en entendant sa fille, poussa des sanglots et versa de nouvelles larmes. Quoiqu'elle eût toujours vécu d'une manière désordonnée, et que dès sa jeunesse elle se fût éloignée de la ligne de ses devoirs, elle portait dans son ame ce germe religieux qui agit avec tant de puissance sur les enfans du Midi; elle n'eut pas la pensée de s'opposer aux volontés de sa fille, elle les regarda seulement comme les expressions dernières d'un mourant, averti par un cri intérieur que n'ayant que peu d'instans à rester encore sur cette terre, il doit les consacrer au Créateur universel.

Zoé, remplie de respect pour le vœu de son amie, courut à la paroisse, et le hasard la fit adresser à un de ces hommes qui ont connu les passions. Celui-là, rempli des maximes du divin maître, n'avait jamais dans sa bouche que des paroles de paix, il ne voulait pas effrayer, il tâchait de ramener à Dieu par le repentir, et, pour le faire naître il parlait, non de rigueur, non de châtimens, mais de l'éternelle miséricorde et de la félicité promise aux cœurs aimans, aux esprits simples, à ceux qui voyaient des frères même dans les plus égarés. Il ne lui fut pas difficile de rassurer Geneviève, de ramener le calme dans son ame. Lorsqu'elle lui eut fait connaître ce qui l'oppressait, il ne lui représenta pas son amour comme un crime, il le lui montra plutôt comme un sentiment naturel, le cri du sang, l'attrait de sympathie qui la portaient vers son frère. Il ne voulut pas savoir les détails de cette histoire, il la crut sur sa parole, ne se montrant pas surtout curieux d'aucun de ces aveux qui immiscent ceux à qui on les confie dans le secret des familles.

Lorsque Geneviève eut acquis la douce conviction qu'elle était réconciliée avec son Dieu, lorsque par sa résignation elle se fut relevée elle-même, elle implora de cet excellent ecclésiastique une autre faveur, celle d'aller trouver Rémond, et de le rappeler dans le cercle de ses devoirs. Le prêtre n'eut garde de refuser cette commission, elle rentrait trop bien dans les attributions de son saint ministère, et il se rendit à la prison où le malheureux Henri attendait son dernier moment. On l'avait aussi séparé de ses camarades dès que l'arrêt avait été prononcé, et depuis ce jour il était resté dans une entière solitude. Il souffrait de ne pouvoir communiquer avec ceux qui pouvaient s'intéresser à son sort, il était vivement tourmenté de la douleur de ne point voir Geneviève avant sa dernière heure, et lorsque le prêtre se présenta il était dans l'accès d'une fièvre morale qui l'entraînait vers le désespoir.

L'homme de Dieu chercha d'abord à le ramener vers les espérances d'une nouvelle vie; il lui parla un autre langage que celui qu'il avait entendu jusqu'à ce jour. Il l'entrètint des biens auxquels il pouvait prétendre et dont il soupçonnait à peine l'existence. Ses discours simples, persuasifs, consolans, touchèrent Henri; le volcan qui s'allumait en lui s'éteignit, et par degré il recouvra cette tranquillité qui ne peut être l'apanage du coupable. Le souvenir de Geneviève venait pourtant le tourmenter, il croyait avoir le droit de l'aimer sans crime, et il sollicita vivement le saint ecclésiastique de lui faire accorder la douceur de la revoir encore une fois.

« Ce que vous demandez est impossible, lui répliqua celui-ci; des ordres sévères, et qu'on ne révoquera pas vous séparent désormais de tout ce qui ne se rapporte point à la Divinité. »

La chose était vraie; la mort terrible

de Molin et de Théodorine avait éveillé l'attention du pouvoir, et l'on voulait éviter le renouvellement d'une pareille scène. Mais en parlant ainsi, l'ecclésiastique dont les lumières étaient supérieures, n'eut garde de raconter à ce jeune homme une découverte qui eût ajouté une nouvelle amertume à la masse de ses douleurs; il crut pouvoir lui laisser son amour plutôt que de lui annoncer qu'il mourait de la main de de son père; il aurait redouté qu'une telle révélation ne jetât dans son ame un désespoir sans fin, qui eût pu le détourner des célestes récompenses.

« Je ne la verrai donc pas? s'écria Rémond en laissant tomber quelques pleurs. Ah! que sa présence m'eût été douce, et qu'elle eût rendu mes derniers instans moins affreux! »

Le prêtre pleura avec lui, avoua que les hommes étaient trop sévères, et par opposition s'étendit sur la clémence et sur la mansuétude infinie de la Divinité. Il la montra pardonnant aux fautes, et accordant d'éternelles récompenses à tous ceux qui veulent se rapprocher d'elle. Il parla avec tant d'onction, que Henri, tombant à ses pieds, voulut aussi prétendre à cette prospérité ineffable qui ne doit point avoir de fin.

Zoé venait de quitter Geneviève pour rentrer chez son père qui l'avait fait demander. Marguerite, expirante sous le double poids de la fatigue du corps et du chagrin de l'ame, s'était jetée sur le sofa et était livrée à une douce léthargie. Tout-à-coup des voix fortes et lugubres remplissent la rue des Bourdonnais; elles proclament que l'instant s'approche.... et Geneviève les entend........

Rémond, réconcilié avec la Divinité, mais ne pouvant oublier son amie, attendit sans s'émouvoir davantage l'annonce de son dernier moment. Un bruit confus de voix se fit entendre, et le son d'une cloche attira son attention. La porte du cachot fut ouverte, plusieurs individus s'avancèrent, et, à la lueur d'une torche, le greffier vint lui lire son arrêt de mort. Il l'écouta impassiblement, et s'inclina pour saluer le terrible messager de la justice humaine. Le prêtre alors se rapprocha de lui, cherchant à le distraire de tout ce qui eût pu lui rendre cette séparation trop amère.

« Mon père, lui dit Henri, voilà deux

lettres, une pour cette jeune fille, l'autre pour le général Marville; me promettez-vous de les remettre toutes les deux? »

L'ecclésiastique hésita un instant; puis ayant réfléchi : « Oui, dit-il, cette dernière partira aujourd'hui même; quant à l'autre, je ne m'engage pas à la donner aussitôt. Cependant, soyez tranquille, elle parviendra à son adresse lorsque je jugerai pouvoir le faire sans danger. »

Rémond ne pouvait en exiger davantage. Un second coup de cloche retentit; et la force-armée parut. Rémond sortit au milieu d'elle, et la marche funèbre commença. Une foule immense se pressait sur son passage; elle était silencieuse et attristée; elle regardait les trois jeunes gens; elle déplorait leur crédulité, et elle accablait de ses imprécations les atroces agens dont les provocations infâmes avaient perdu ces malheureuses victimes. Elle demandait leur supplice, auquel elle eût applaudi en poussant des cris de joie.

Les trois sous-officiers, dès qu'ils se virent, s'embrassèrent avec affection.

« Molin nous manque, dit Henri ?

» — Il est parti avant nous, répondit Jubart; sa maîtresse lui en a fourni les moyens.

» — Il a été, ajouta Serval, préparer nos places en fourrier intelligent. »

Le cortége continua son chemin, et chacun des sous-officiers demeura enseveli dans ses réflexions : ils ne cherchèrent plus à se distraire réciproquement. Tout à l'entour était silencieux et morne; le ciel seul, pur et sans nuages, contrastait par son éclat avec le deuil répandu sur chaque figure. Il n'y a que la mort d'un seul homme qui ait pu contraindre la nature à dévier de ses lois.

On s'arrêta, les condamnés s'embrassèrent de nouveau. Dans ce moment une femme s'élança à travers la multitude; elle écarta les soldats qui formaient la haie; elle parvint auprès de Rémond.

« Henri! Henri! s'écria-t-elle. Attends-moi! que nous mourions ensemble. Mon Dieu, ne me sépare pas de lui! »

Rémond n'était pas préparé à ce dernier coup qui brisa son cœur; il retint Geneviève et la pressa contre sa poitrine avec un mouvement involontaire d'amour et de désespoir, puis il essaya de la repousser pour la confier aux soins du pieux ecclésiastique qui s'avançait vers lui. Mais Geneviève était insensible à toutes les choses de ce monde, et son corps que l'ame avait abandonné glissa aux pieds de Rémond. Jubart se pencha pour l'examiner, puis se relevant :

« Sois tranquille sur elle, mon camarade, dit-il à Henri ; elle a cessé de souffrir. »

FIN DU QUATRIÈME ET DERNIER VOLUME.

TABLE

DES CHAPITRES

CONTENUS DANS CE VOLUME.

Pages.

SOUS PRESSE.

ŒUVRES CHOISIES ET INÉDITES D'ÉVARISTE PARNY, publiées sur les manuscrits autographes de l'auteur ; 3 vol. in-18, grand-raisin, ornés d'un portrait et de deux vignettes d'après Isabey et Devéria, augmentées d'une Notice par M. Tissot, et du Discours de réception, à l'Académie, de M. de Jouy, successeur de Parny.

CHRONIQUES DE FRANCE, poëmes par madame Amable Tastu ; 1 vol. in-8°., grand papier vélin. (*Premier recueil.*)

VOYAGE DANS LE MIDI DE LA FRANCE, par Pigault-Lebrun, 1 vol. in-8°.

MÉMOIRES D'UN JEUNE JÉSUITE, depuis l'âge de seize ans jusqu'à vingt-quatre, par M. Martial Marcet de la Roche-Arnaud, auteur des Jésuites modernes ; 1 vol. in-8°.

ATLAS UNIVERSEL *indiquant les établissemens des Jésuites*, avec la manière dont ils divisent la terre, suivi des événemens remarquables de leur histoire ; 1 vol. in-16 oblong. Prix : 4 fr.

COMMENTAIRES POLITIQUES ET HISTORIQUES SUR LE TRAITÉ DU PRINCE DE MACHIAVEL ET SUR L'ANTI-MACHIAVEL, par M. le marquis de Bouillé, lieutenant-général ; 1 vol. in-8°.

CHING-KONG, ou l'Education du jeune prince Kou-Kouli ; 1 vol. in-12.

CAMPAGNES D'ALLEMAGNE, 1806, 1807, 1809, par M. Mortonval ; 1 vol. in-18, orné de carte, plans et portraits. Prix : 3 fr. 75 c.

CAMPAGNES D'ALLEMAGNE ET DE PRUSSE, par M. Saint-Maurice ; 1 vol. in-18, orné de carte, plans et portraits. Prix : 3 fr. 75 c.

CAMPAGNES D'ESPAGNE, 1808 à 1813, par M. le colonel Bory de Saint-Vincent ; 2 vol in-18, également ornés de carte, plans et portraits. Prix : 7 fr. 50 c.

RÉSUMÉ GÉOGRAPHIQUE DE LA RUSSIE, par Alphonse Rabbe ; 2 vol. in-18, ornés de cartes coloriées.

LA COUR D'UN PRINCE RÉGNANT, ou *les deux maîtresses*, par M. le baron de Lamothe-Langon, auteur de *Monsieur le Préfet* ; 4 vol. in-12. Prix : 12 fr.

www.ingramcontent.com/pod-product-compliance
Lightning Source LLC
LaVergne TN
LVHW010555110826
845149LV00003B/671

* 9 7 8 2 0 1 1 8 7 6 1 1 9 *